U0094615

32歲，一家四口用100萬環遊世界

沒規畫 × 預算少 × 破英文也OK！

從風土人情到實用技巧，開啟親子冒險全新篇章

作者｜李婷萱 Sabrina

目錄 Contents

目錄 Contents

人生啊！充滿各種可能

　　我會認識「七木的生活」是源自幾位讀者的私訊，幾個人不約而同傳了他們宣布出發的貼文給我：「他們帶小孩去環遊世界了」，我看著他們背大背包在機場的合照，小女兒甚至還坐著推車，又羨慕又佩服，這是我們心心念念想完成的事啊！

　　在 25 歲那年環遊世界後，我們的夢想就成了帶孩子環遊世界。

　　正因為經歷過一次，我們深知這個決定有多難，要存多少錢？工作怎麼辦？或許還要面對親友的質疑：「玩這麼久有必要嗎？」值得這樣揮霍積蓄嗎？更不用說帶著兩個孩子要考慮得更多，包括孩子的安全與健康，他們會快樂嗎？能適應嗎？旅行結束後能銜接學校生活嗎？甚至很多人會在意，他們會記得嗎？

　　而「七木的生活」用他們的旅程告訴我們：人生啊，充滿各種可能。

　　很多人的夢想是環遊世界，但並不是每個人都有勇氣踏出那一步。

　　這本書真實紀錄了一家四口 220 天的旅行故事，用一個個世界各地的小故事，構築起我們對於實踐夢想的想像。我喜歡他們對當地文化的觀察，喜歡他們遭遇突發狀況時的機靈幽默，喜歡兩個孩子各種獨到可愛的見解，更喜歡他們一家旅行的方式，讀著文字就彷彿跟著他們一起體驗環遊世界的生活，有哭有笑有愛，而且告訴我們，只要有家人在的地方，哪裡都是家。

　　看著他們繞了地球一圈回到臺灣，我還是羨慕又佩服，更多的是信心。他們用親身經歷告訴我們，旅行並不困難，也不需要花很多錢，他們帶著兩個小小孩都能做到，我們大家一定也可以的吧！

豬豬隊友 Scott & Wendy

感謝朋友繪畫的全家福，圖/17畫畫

3個姓林的給我過來！

在這本書的最前面，我想跟大家說一下，我是誰。

很多人以為我們是衝動的去了環遊世界，加上帶著孩子，才開始變得有一點小名氣，回國後辦了講座，現在還要寫書。

其實，並不是。

在旅遊之前我就一直在經營自媒體，粉絲人數也有 3 萬多，所以，那時候的我是一個怎樣的人呢？

大學畢業後，我在婚紗公司做了 3 年多美編後製工作，後來抓住一個機緣創業成立婚紗外包美編工作室。從結婚、懷孕、生產，我都持續不間斷的工作，到產前開了三指，我！還！在！工！作！

我先生抓著我說：「你必須去生了。」

我拿著電繪筆大喊：「不！我還有最後 2 張。」

有孩子後，我度過了一段人生最糟糕的時期，無法平衡我的生活。

我們夫妻沒有任何後援，雖然白天請了月嫂，方便我工作，但為了有比較多的收入，先生向組長申請長期大夜班，所以生產完的第 4 天晚上，我就自己一個人面對新生命，那時的我，26 歲。

我覺得我的人生有了天翻地覆的變化，我開始討厭任何人，厭倦在網路上瀏覽別人的動態，覺得每個人的生活都過得比我好，即使有人抱怨公婆，我心裡都產生一種：「至少公婆的存在，可以讓妳好好上個廁所，好好洗個澡。」而我連一個人上廁所、洗澡的權利都沒有。

我發現自己把生活過得亂七八糟，覺得不適合當家庭主婦，因為我不會煮飯，也不太會做家事，更因為自卑心理，見別人過得好還會眼紅，各種羨慕嫉妒恨油然而生，那時的我很討厭我的先生，更討厭自己，唯一能讓我振作的是——看到孩子睡覺時天使般的容顏。

這樣的生活持續了 1 年多，有次清晨起床泡奶時，我的腳踩到落在地板的積木，痛到跳起來，接著便大力的摔了奶瓶，大哭出聲，覺得自己好辛苦、好可悲，我的哭聲吵醒了孩子，她哭了，然後我哭得更大聲，我們抱在一起，好像在比誰慘。

後來看著鏡中的自己，覺得這樣下去真的不行，我告訴自己：「李婷萱，妳應該振作！」所以，我綁起頭髮，洗個臉，認為我的人生主控權必須回到自己身上，告訴自己第 1 件事就是把自己照顧好，重新打理自己，重新整理家裡。

我開始勤奮學習，去圖書館借大量的書籍閱讀，針對家裡收納空間做改善，創立了我的社群平台——「我們的生活」（現已更名為「七木

的生活」），透過這個平台跟大家一起學收納，也將我的成果分享給大家，同時分享很多關於我創業和當母親的故事，後來許多收納講座的邀約、文章撰寫，以及節目訪談找上我，我被越來越多的人認識，創造了全新的自己。

而這樣的複合式家庭主婦，其實內心一直有個環遊世界的旅行夢，我們夫妻都想了很久，就在有一天，毫無預警的，我告訴大家：「欸！我要帶孩子去環遊世界囉！」

在昭告天下的同時，真不誇張，就被爆退了一堆粉絲，這些人認為我讓孩子走上一條非常危險的路，懷疑我不配當母親；但我總說：「別讓他人的嘴，定義你的人生。」雖然經營自媒體，但我還是喜歡做自己，我想圓夢，出發就對了！

我想告訴大家，女生可以做很多事情，我們不一定只能在職場媽媽和全職媽媽中二選一，我們可以「全要」，不管外面有多少聲音，你也可以任性做自己，不要害怕。

然後，為什麼標題要用「3個姓林的給我過來」，主要是現在的粉專已改名為「七木的生活」，起名原因是我姓李，部首為「木」，先生姓林，2個孩子與先生同姓，我時常對他們大喊：「3個姓林的，給我過來」，所以我們一家總共有7個木，也就是「七木」的由來。

最後，我以為這會是一個愉快的旅遊故事，寫完全書後我發現，這是個「不帶孩子出去玩，覺得孩子好可憐；帶孩子出去玩，又覺得我們好可憐的旅遊故事」，敬請各位慢慢看下去。

李婷萱 sabrina

PART 1

繞地球一圈
準備出發！

我們不再只把環遊世界掛在嘴上，

下定決心到出發只有3個月，

謹慎的我們從國外文章開始做功課，

然後，我們就出發了！

起心動念 ·····················
其實我財富自由了

如果你問我,在環遊世界時,我是什麼樣的人?
我總說,我財富自由吧?應該是。

賣車換一趟環球之旅

　　我認為的財富自由,應該是我去麥當勞可以毫不猶豫的加大薯條和可樂,沒有買一送一也能抬頭挺胸買星巴克,手機網路直接選用吃到飽方案!剛出社會那幾年,這些事對我們夫妻來說都很奢侈,省錢的日子,甚至為了滷肉飯能否加蛋都會吵架!面對生活種種,我們夫妻總是非常的努力,一起為了五斗米折腰。

　　在柴米油鹽醬醋茶中打轉的生活,雖然沒辦法天天大魚大肉,小確幸還是有的,然後偶爾會抱怨幾句:「好累!好想耍廢!好想去環遊世界……」我們就是如此平凡的夫妻。

　　一直維持雙薪生活的我們,經濟愈來愈穩定後,終於買下人生第一台新車──是非常理想的車款,感性的跟新車合照,有種人生終於到了某個成就的感覺。沒想到,緣分就是如此,最後是賣了這台車,才換來這一趟環球之旅。

爸爸畫的旅行的樣子。

在孩子最需要我們時埋頭打拚工作

那時我每天的生活跟蠟筆小新裡的野源美冴一樣，匆忙的帶老大出門上課，再帶著妹妹去買菜，然後找時間居家工作，而我的先生每天上班加上通勤時間約 13 個小時，出門和回家時孩子都在睡覺。

一晚，先生坐在女兒床緣看著孩子睡覺的樣子，我按往常說著每日心得給他聽：「聽說現在很多小一、小二就要開始注意女孩胸部的發育，我們可能要開始看兒童內衣了。」沒注意到他的沈默不語，又繼續說：「現在許多女孩經期都來得早，很快就會進入青春期。」我又接著說：「所以我們需要注意孩子的身高，怕會性早熟。」這時先生用稍微沙啞的聲音說：「可是她 5 年前出生才短短的 50 公分！」我笑著說：「孩子的成長是很快的，我們也將很快的老去。」

先生雙眼泛紅的說：「我們不應該在孩子這麼需要我們的時候，埋頭打拚。」

是的，我們在體力最好的時候，把自己獻給了工作，雖然孩子是我自己帶的，但每天為了工作熬夜到凌晨 3、4 點是日常，早上只能頂著熊貓眼趕著孩子去上課，沒睡飽的我們容易把情緒牽扯到孩子身上，也因為隨時待命工作的我們，時常掃了孩子的興致。

我想我先生流下了眼淚，又或者他小心翼翼的抹掉，總之我裝沒看見，但我感到心痛，這段對話也深深的刻印在我的心

看著孩子睡顏，先生心中很感嘆。

裡。夜裡我翻來覆去，想著如何能夠陪孩子多一點時間，然後，心中冒出：「一家人一起長途旅遊是可以做到的嗎？」這句話。

最終我起身來到客廳，在白紙上寫下：「環遊世界」跟一個大「？」。

我想，我們應該出發了

我想著在這個家庭裡，誰是自由的，「是我」，畢竟我本身就是數位遊牧，再來兩個孩子才幼兒園的年紀，學業相較小學、國中而言沒有那麼重要。

最後我又寫下：「錢」，又畫上一個大大的「？」。

我打開電腦瀏覽網頁，在 Skyscanner 上選擇了任意日期及任意地點，我不斷地嘗試、不斷的重整，最終得到一個結論，原來利用廉價航空短程飛行的方法，繞地球一圈只要 5 萬。於是我想，我們應該出發了！

一直很嚮往環遊世界，7年前裝潢新家時，就買的世界地圖。

經濟預算
環遊世界機票只要 5 萬元

發現 BUG 那時的我全身起雞皮疙瘩，一邊想著「可能嗎？」
一邊腦海中又有個聲音告訴我：「相信你的雞皮疙瘩」。

我再說一次，環遊世界機票只要5萬

　　當時凌晨 3 點半，我不管三七二十一，使出渾身解數硬是把先生叫醒，將他從主臥拖到客廳。我拍桌說道：「環遊世界的機票只要 5 萬！」睡眼惺忪的他，還來不及反應的說：「5 萬？你要買包嗎？」我說：「不，我是說機票只要 5 萬。」我晃動著他的肩，真的就很像在演戲一樣：「我再說一次，環遊世界機票只要 5 萬！」

　　這次，他真的醒來了。

　　彷彿發現了什麼新天地，我說我好像找到了環球機票的 BUG 了！

　　我跟他解釋，假設從台灣飛到洛杉磯，單程票需要 2 萬，而如果從台灣飛到東京，再從東京飛到夏威夷，最後抵達洛杉磯，機票只需 8 千元，利用這樣的操作，只要是短程，都可以找到相對便宜的機票。

　　雖然市面上販售很多「環遊套票」，但各種限制都會讓人認為一家四口的組合非常難以達成，需要提前確認計畫，過程中只要錯過一次航班，後面就會有無數個銜接的麻煩，里程也有許多規則需要注意，例如：只能往東或是往西、不能回頭等，里程總額也有限制。

　　所以，我們利用廉價航空短程機票的方式串連，去繞地球一圈，選擇比台灣物價還低的國家開始旅行，有些地方在台灣只能玩 1 週，但

在那裡卻能玩上 1 個月，現在只要有「時間」，我們就可以「等」，邊等邊玩正是我們想要的旅居模式呀！

在青春時，做80歲想起來會笑的事

　　隔天，先生馬上去公司申請留職停薪 1 年。當然，沒有一個主管贊同，幾天後，在我先生的堅持下：「在公司奮鬥了 10 幾年了，我現在遇到了一些瓶頸，只想要休息一下。」最終獲得同意。

　　至於「錢」怎麼來，我們當下就討論了。我們知道把車賣掉是個非常不划算的買賣，可人生又怎麼會事事順心呢？我們也曾想過退休後再去環遊世界，可明天和意外不知道哪個會先到，萬一沒活到退休呢？再多的錢也買不回體力和青春。10 年前的我們沒有意識到，也沒有行動的勇氣和決心，如果我們現在退卻了，就會真的會錯過了。

　　我想換個方式告訴自己，天時地利人和都在告訴我們：「就是現在，我們必須出發。」孩子明年將上小學，現在就是最好的時刻。

　　在我們的生命裡，好像按下了暫停鍵。但是慢慢的我發現，帶著孩子去旅行，與其說是度假不如說是在渡劫，旅行路上風風雨雨，克服的困難讓生命更多彩，孩子對我們的信任和安全感的累積，夫妻間的連結與情感也更為穩固，豐盛收穫的生命一點也沒有停的感覺。

　　從下定決心到出發，我們只花了 3 個月，接下來可以再看看我們又做了什麼準備。

文件準備
出個國我還得先找到接生醫生

國內帶孩子環遊世界的人並不少，可是實用資訊卻非常有限。
我在心裡許願：「如果平安歸國，我一定要將這故事寫成一本書。」

首要準備「親子證明」

決定出發後，我們每天都在找非常多的資料做功課，確保沒有遺漏任何的資訊，發現帶著未成年的孩子旅行，尤其我們是帶著一個 5 歲、一個 2 歲的小小孩，首先最重要的文件準備就是「親子證明」。

之前我單獨帶姊姊去加拿大，準備入境時，在海關就發生過這樣的狀況：海關對我們母女持有的護照，一個姓李、一個姓林有很大的懷疑，反覆詢問「父親為什麼沒有一起旅行？」很怕我是人口販賣，溝通好久才放行。

溫馨提醒，這最容易發生在沒有準備回程機票，或長途旅行的遊客身上，因為世界上還存在「兒童拐賣」事件，許多國家對於帶孩子的家庭較嚴格，常會被嚴格盤查，這時候除了像我們備齊證件以外，也可以選擇現場買 1 張可以免費取消的機票，出示證明不會跳機。

回到如何準備上，需要英文版戶籍謄本加上英文版的出生證明，才能湊成 1 組「親子證明」。

在戶政事務所申請「英文版本戶籍謄本」時，必須要求備註「結婚日期」，特別注意的是即使你有離婚，也需要特別備註「離婚日期」以及每段婚姻。因為台灣並沒有所謂的結婚證和離婚證，所以備註上去後，才是一個完整的證明文件。

而「英文版出生證明」需要回到孩子的原出生醫院申請，每家醫院收取的工本費不同，從 50 到 200 元都有，建議多備幾張，以備不時之需。

我們回到原醫院申請姊姊出生證明時，他們說「當初接生的醫生去別的地方了，我們沒有醫生的印章。」原來出生證明必需由當初接生的醫生開立並蓋章才可以，其他人不能代理，由於我們時間有限，只好親自南下到南投找到原接生醫師，請他開立出生證明並蓋上章，這才算正式取得「出生證明」。

人生很妙，也許哪一天就換你去環遊世界了也不一定，所以，正在讀這本書的你們，若來得及，建議可以先把中英文版本的出生證明全部申請起來，一勞永逸。

兩個孩子出生的醫院不同，就要去不同地方申請出生證明，申請價格也不同。

財力證明也要英文版

同時，我們為了確保在長途旅行中，護照有效期限都能超過 6 個月以上，所以必須重新申辦「護照」，由於疫情剛過，正值出國潮，我們為了申辦護照排隊超過 4 小時以上，才拿到全家的新護照，距離環遊

世界我們又更近了一步！

　　我們還準備了英文版的「財力證明」，這部分很多國家會需要在入境蓋簽證章時要求出示，同時也可以作為「你不會非法移民或偷渡」的證據，這跟有沒有帶孩子並無關係，即使戶頭只有 5 萬、10 萬也沒關係，除非該國家簽證有金額規定的要求，那就真的需要達到了。

　　除了一個「總額」的英文財力證明以外，還需要「金流」版本的英文財力證明。總額的財力證明可以去銀行或郵政申請，像我們是在中華郵政存款，就直接去櫃台辦理即可，而金流版本可以透過銀行 App 將語言轉換成英文，截圖使用就好。

　　我們也準備「銀行／郵局委託授權書」，避免旅行途中萬一發生某些問題導致帳戶凍結時，方便請家人幫忙處理帳戶問題，也將印章、卡與存簿交給可以信任的家人，若有意外，例如：忘記密碼，超過輸入上限等鎖卡時，可以請家人在台灣幫忙申請重新開通，好讓我們可以繼續在手機上自由地操作轉帳、匯款等手續。

　　再來是「良民證」，申辦英文版的良民證在長途旅行中很重要，這也是遊學、移民必要的一分證件。我們在入境厄瓜多時，真的有被要求出示，萬一該文件已超過半年，可以出示旅行中所經歷的機票與車票證明。

　　最後我們也辦理「台胞證」，雖然中國不在預期的旅行國家中，但是預防轉機，或是若發生意外，必須被遣返時，如果剛好到了中國，也可以有證件入境，總而言之，證件多預備好，遇事不緊張。

　　還有什麼文件可以申請好備用？如果你可以申請英文版工作證明、英文版的不動產證明，這些都可以在被海關質疑時一一拿出，證明自己真的只是長途旅行；如果你是學生、教師或是身障人士的身分，也可以特別申辦國際英文版的證明文件，才可以在國外享受該有的權利。辦理

這些文件會耗時許多天，有些需要繳交護照才能辦理，所以不一定能夠同時處理，一定要預留足夠時間再出發喔！

事實證明，這些文件在我們長途旅行中，真的有使用到，很多時候是在上飛機前就被要求出示，有些則是入境海關時需要，也有被帶進機場小黑屋的經驗，我們也是依序將文件拿出提供檢驗，最後順利出關。

旅行保險與旅行計畫表

在出發前，我有寫一分簡單的旅行計畫表，列出一些想去的國家城市景點，大致可以給海關知道「我們正在進行一項長途的旅行計畫」。雖然，環遊世界在歐美國家並不是一件少見的事情，但帶著孩子一起出發還是偏少數，所以準備英文版旅行計畫文件，是比較保險的做法。

而「旅行保險」在某些國家則是必要的。例如：歐洲就需要申請「旅行申根險」，而這部分的保險都需要「在台申請」，目前也沒有可以在國外申請的台灣旅平險，除非直接網路找國際型保險投保。同時也記得

海關真的太多疑問，怎麼辦？

如果真的遇到，只能配合。這時可以溫和的詢問海關，能不能拿出手機或相機，給他看旅行中的照片，或是網路平台的發文紀錄，我是直接打開我的 FB 和 IG 給海關看，這招很有用，分享給大家。

申請英文版本並且將自己的資料（例如有無藥物過敏史、是否有過重大手術等）一併列印下來，若有緊急情況發生，也可以讓醫護人員馬上知道自己的重要資料。

全家都需要準備的證件

- ☐　有效期的護照
- ☐　必要簽證 visa
- ☐　有效期的台胞證
- ☐　英文版財力證明
- ☐　英文版良民證
- ☐　英文版識別證（身障、教師或學生證）
- ☐　英文版在職工作證明或資產證明
- ☐　英文版旅行計畫
- ☐　英文版保險單／自身用藥病史
- ☐　銀行／郵局委託授權書
- ☐　台灣護照及國際駕照（日本需另準備日文版本）

孩子的部分需要準備的文件

- ☐　英文版戶籍謄本（含每段結婚或離婚紀錄）
- ☐　英文版孩子出生證明

任務攻略 ················
在國外要怎麼領錢？

出國旅行有錢是安全感的來源，
所以「錢」是最多人問，也最關心的問題。

出國必帶信用卡、提款卡

　　這單元主要講「錢」，在國外旅行時，除了換好當地貨幣現金外，我必須介紹「信用卡」以及「提款卡」。

　　首先，為了讓我們可以在世界各國都可以刷卡，至少必須擁有 1 張國際發卡組織的信用卡，最常見的就是 VISA、Mastercard、JCB，其次則是美國通運、中國銀聯等。

　　再來，就是在銀行開戶存款用的提款卡，首先必須確認，我們攜帶的卡已開啟「國際金融功能」，此功能通常要臨櫃請櫃員開通，且得到一分新的「海外提款密碼」，可提供在海外部分國家的 ATM 提領當地貨幣，而提款卡也有所謂的簽帳金融服務，國際簽帳金融卡使用方式與信用卡完全相同，可在國內外刷卡購物，直接從存款帳戶扣款。

開通國外「Pin」碼

　　除了備妥這些卡片以外，開通在國外使用的四位數「Pin」碼，也是很必要的事情。通常是在結帳時，或刷卡前會被要求輸入 Pin 碼，同時還需要告知銀行，我們即將進行長途旅行。

這件事情是我旅行到南美洲時，才發現有多麼重要，因為是比較少遊客會去的國家，銀行有時會擔心卡是否是遭到盜用，會以「刷卡地區特別」而鎖卡，這時，我們就得撥打國際漫遊電話，由本人向銀行申請解卡。

我們準備了各種不同發卡機構的信用卡以及提款卡。

我們也需將「OPT 動態簡訊」改為 Email 收取驗證碼，畢竟長途旅行不可能一直開著國際漫遊。相信大家都有在網路刷卡的經驗，時常會需要收簡訊密碼，輸入後才能順利完成刷卡動作，這時候預先將動態簡訊改成 Email 就非常重要。

同時可以將信用卡綁定在手機支付 App 上，這讓我們不用在外面拿出實體信用卡，直接用手機進行結帳，很安全，這些動作有些銀行會需要透過電話認證，有些需要收取手機簡訊，事先在台灣處理好，會比較方便。

除此之外，預先開通國際漫遊的 App 或是將自己的水電帳單改成電子信件收信，都是一件「很重要的小事」。

現金、卡片防丟失

以上信用卡與提款卡，我們夫妻都有備齊，總共 3 張不同發卡機構的信用卡、3

張不同金融機構的提款卡，這麼做除了分散風險，也可以聲東擊西預防丟失，將這些卡片放在不相關的地方，例如夾在書裡，又或者是衛生棉的袋子裡面，為什麼要這樣做？因為我們可能在治安不好、小偷很多的國家旅行，如果全放在同一個地方，一旦偷走就真的全家沒錢了。

我的作法是主要的提款卡，並沒有攜帶出國，舉例來說，我主要使用中國信託銀行的卡，所有存款都在這裡面，但實際上，我並沒有將中國信託的提款卡帶出國。我只在需要領錢的時候，利用銀行的 App 轉帳到當時需要使用的提款卡內，又或者是每張提款卡各存 3-5000 的小額現金，而每張提款卡也都設有網路轉帳的功能，這樣才不怕萬一丟失了，影響太大。

第一次長途旅行的我們，不敢帶太多的現金在身上，害怕被偷就功虧一簣，可是有些國家領取現金，需要的手續費很高，我的建議是備用一些在身上，可以藏在隱藏腰包裡，也可以放在鞋墊裡。

我們自己則是隨時會在身上藏 300 美金，以防緊急時刻需要。我先生的做法是藏在褲子內袋裡，而我是藏在內衣裡，選擇的理由是，因為美金是市面上較流通的貨幣，其實歐元也可以，可依旅行的國家而定。

 挑選卡片

信用卡和提款卡，除了國際發卡組織及卡片的幣種外，信用卡可以多多了解現金回饋或是哩程兌換等優惠，來尋找自己滿意的卡片。金融卡部分很推薦辦理雙幣（歐元／美元），或者是多幣功能的提款卡，以節省在國外交易的手續費。

有個小故事分享：我們在巴拉圭的時候，曾目擊一位美國人，悠哉地拿出一個很舊的 iPhone 盒子，打開來裡面還有個殼，再裡面有一層說明書、眼鏡布，最下面才看到現金及信用卡，放在意想不到的地方，真的是很好的一招。

在旅行的途中，我們美金快不夠用了，有網友推薦我們可以在 Western Union 提領大量美金，但是當時我們所在國家的 Western Union 並不提供跨國領錢的服務，最後我們利用網路無國界的便利性，在一些臉書社團尋找在國外生活的台灣人，見面交易或透過網路 App 轉帳，換取需要的美金，我個人認為這方法很實用，而且在國外只要見到台灣人都有「回家的感覺」，所以備用現金不夠又不能刷卡時，這個方法也可以試試。

長途旅行必要做的準備事項

☐ 有開通 Pin 碼的國際信用卡

☐ 有開通國際金融功能提款卡

☐ 告知銀行要長途旅行

☐ OPT 動態簡訊改 Email 密碼驗證

☐ 電話預先申請合適的漫遊電信公司

☐ 預先設定手機支付（apple pay、google pay）

☐ 水電費、燃料費、信用卡、稅金等透過線上扣款

☐ 請人代收信件，亦或改成電子信件

健康預備
特殊疫苗原來要找這個門診

由於是第一次進行全家人的長途旅行，我們一家都去了「旅行醫學門診」。

這個門診的醫生很厲害

　　台灣國際旅行風氣盛行，旅行醫學也逐漸重要，建議要在海外旅行或工作超過 30 天者，或是需到某些特殊城市旅行者，出國前都要至台灣的「旅行醫學門診」報到，只要將前往的旅行地點列出來，醫生會告訴你要去的國家氣候、海拔高低、應該注意的事項、預防的疾病，以及應該施打的疫苗，提供諮詢服務與醫療服務，只是旅行醫學門診需自費，健保不提供給付。

　　這不是我第一次至旅行醫學門診報到，所以很清楚我家附近哪裡有旅行醫學門診，讀者可以在衛生署福利部疾病管制局的網站查詢，會有台灣各個地區的旅行醫學門診據點表格可以參考。

必須施打的特殊疫苗

　　入境南美洲及非洲等區域前，就必須出示「黃熱病疫苗」施打證明，才能順利入境，所以是必打疫苗之一。

　　再來就是「傷寒疫苗」，傷寒在台灣很少見，但許多開發中國家仍在發生，主要是由一種沙門氏菌引起的急性傳染病，通過受污染的食物和

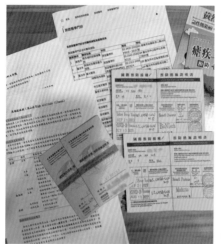

左圖／可以把Covid19疫苗和其他疫苗統合在一本黃皮書裡。
右圖／旅遊門診部的醫生會給出專業的疫苗與備藥建議。

水傳播，嚴重的可能會出現致命的腸臟出血及穿破的併發症，非常建議需要前往南美洲、非洲、印度等地區旅行的朋友們施打，保障自身健康。

比較特別的是「A 型肝炎疫苗」，政府自民國 107 年起，將 A 型肝炎疫苗納入幼兒常規疫苗，而 A 型肝炎遍佈全世界，好發於開發中國家或是衛生環境不佳的區域，在非洲、南美洲、中國大陸、東南亞等地區，常有疫情流行，若要確認自己是否施打過，可以透過健保 App 裡「健康存摺」查詢。

醫生還提醒「破傷風疫苗」可以自由選擇要不要事先施打，我們考慮到之後前往的國家，路面可能沒有那麼完善，流浪貓犬較多，所以也提前施打了破傷風疫苗。這疫苗對妹妹在奧地利受傷，送到急診室時，真的有用，當下我們有被醫生詢問到：「這 5 年是否有施打過破傷風疫苗」，因為事先施打過，所以當天就少受一點苦了。溫馨提醒，若沒有接種破傷風的朋友，在受傷後發現有破傷風的可能，可以在 24 小時內緊急施打。

因為在國外，有許多澡堂、泳池都可以裸體，甚至洗澡的地方都沒有隔間，而人類乳突病毒（HPV 病毒）是常見的一種性病，主要傳播方式為性接觸傳染，但只要外部生殖器接觸帶有此病毒附著的公共設施，例如廁所的馬桶或是泳池等，都可能造成感染，所以也施打了「HPV 子宮頸癌疫苗」（現已更名「人類乳突病毒疫苗」），先生與我都有施打，沒錯，你沒聽錯，雖然是子宮頸癌疫苗，但是從 9 到 45 歲的男女性都可以施打，對自身私密處的健康有預防性的保障。

　　再來就是「Covid19 疫苗」，每個國家有不同的施打標準，雖然現在全世界開放了，但有些地方還是有嚴格規定，需要施打過疫苗者才能入境，尤其是幼童，若尚未施打疫苗者，建議補打，這需要一點時間，請提前做準備。還有，不同的疫苗會有錯開的需要，避免同時施打，請記得詢問醫生專業的意見。

　　以上疫苗，除了黃熱病疫苗、Covid19 疫苗以外，都不是真的相當「必要」，可以依據想去旅行的國家而定，若有預算，建議給自己多一點保護，讓自己可以在每個國家開心快樂的行走，吃喝玩樂。

諮詢過醫生後的疫苗注射項目

☐	黃熱病疫苗	☐	A 型肝炎疫苗
☐	Covid19 疫苗	☐	破傷風疫苗
☐	HPV 人類乳突病毒	☐	傷寒疫苗

＊ 依照去旅行的國家與城市，醫生會給出專業的疫苗建議。

為了環遊世界做全身健檢

我們應該是全台灣最瘋狂的人了，在此之前，我與先生並沒有固定健康檢查的習慣，但為了確保我們做父母的身體都健康，確定可以陪伴孩子長久旅行，我們夫妻倆都去做了包含腸胃鏡的全套健康檢查。

原本我們很怕看醫生，很怕打針，更何況腸胃鏡，聽起來就嚇人，但為了環遊世界，把不敢做的事情都做一遍。好在現在醫學技術進步，腸胃鏡檢查相較於十幾年前讓人安心許多，可以選擇自費全麻，睡一覺起來就可以看報告，很幸運的是先生的狀況非常良好，而我則是在胃裡找到些瘜肉，當場去除，一週後回診，得到檢驗結果是良性瘜肉，就安心了。

此外，我也做了子宮頸抹片檢查，雖然台灣 1 年有 1 次免費檢查的醫療優惠，但生產完後的傷口疼痛，讓我一直逃避這件事，所以距離上次做檢查已經是好幾年前的事了，好在結果也是好的，加上也施打 HPV 子宮頸癌疫苗，給自己更多的保護。

仔細想想我其實很有拖延與逃避的問題，但在旅行中發生的一些事，沒有辦法像在台灣一樣逃避，只能想辦法馬上解決，所以這一次環遊世界也治好了我對事情容易有鴕鳥心態的毛病。

還有牙齒檢查

雖然我打算以經濟實惠的方式去旅行，但在國外還是要保持著「錢能解決的事，就是小事」，所以在國外遇到醫療問題，除了荷包大失血以外，最怕的就是溝通困難，尤其是跟我們一樣，想前往開發中國家的

朋友們，萬一真的身體不舒服，不要怕麻煩。

除了全身健檢以外，我對於牙痛這件事，很能感同身受，兩次孕期都躲不過牙痛命運的我，對於口腔健康更是重視，所以我們還做了「牙齒全面檢查」。我認為這在整個檢查的環節裡是最重要的，因為牙痛不能忍，痛起來的確很要命呀！很慶幸整個旅行途中，我們除了5歲的姊姊經歷換牙以外，其餘都沒有受到牙痛之苦。

說到因為看醫生而荷包大失血，我來簡單分享一個朋友的例子，一位住在美國的朋友，因蛀牙去看牙科門診，在拍了口腔X光片後，一次性補好四顆蛀牙，做好治療，最後的總費用約1000美元，大約3萬台幣，國外的牙醫貴到可怕，所以無論是費用，還是醫療衛生問題，出發旅行前，建議先做好牙齒的全面檢查，真的會安心很多。

健康檢查建議項目

☐　　基礎全身健康檢查

☐　　腸胃鏡檢查

☐　　洗牙、口腔全面健檢

☐　　子宮頸抹片檢查

* 溫馨提醒，每個人可依照個人身體狀況或較擔心的部位去做加強檢查，上方表格僅提供參考。

安全救命
為了旅行去考救生員執照

我必須說，

無論你有沒有孩子，是否想要出國旅行，真的都要去學習救命術。

基本救命術（BLS）真的有用

　　旅行前，就算全家都做了全面的健康檢查和疫苗施打，我和先生還是有焦慮時刻，想著若有萬一的情況發生，該怎麼辦？我們有很多的擔心，所以我們商量都去學習基本救命術（BLS），可以自助也可以救人。

　　由於先生是旱鴨子，他選擇去紅十字會受訓「基本救命術」；而我雖然不擅長游泳，可是腳不碰地這點，我還是可以做到的，所以就硬著頭皮報名參加為期 2 週的「水上救生員訓練」，最後考到救生員證書。

　　紅十字會的基本救命術課程內容包含：心肺復甦術 CPR、基本創傷救命術（BTLS）、哈姆立克法、各種傷口包紮、骨折時的應急固定及其他緊急救護技術，其中也會講解嬰幼兒發生某些緊急狀況時的急救辦法。而救命術課程有的內容，水上救生員的課程內都有包含，而且還有水上安全與救生，我們夫妻分開學習，算是有雙重保障。

　　我認為學習這些真的非常有用，因為在國外不小心受傷時，我們可以立刻專業的判斷，是否需要緊急就醫，還是可以緩緩、再觀察，同時也會降低自己的緊張感，尤其是對帶小小孩出國的我們，淡定很重要。

訓練第一天就想逃跑

　　我們一班有 40 位同學，報名的年齡層很廣，從高中生到 50 幾歲都有，也有爸媽和孩子一起上課的，而我是個不愛運動的人，在分組測試的時候，不意外的馬上被歸類到最差的 C 組。

　　參與訓練的第 1 天，我就想逃避了，那一天的游泳量，估計是我這 10 年的總量了吧！當教練們討論著今晚宵夜吃什麼的時候，我心裡還想：「哇賽！教練也太佛，操完後還要和我們一起吃宵夜」，結果我錯了，其實是吃了一套特別的訓練大餐，就是陸地上伏立挺身 100 下，水裡 50 公尺泳道來回游 10 趟，真是名副其實的海陸套餐。

　　經過 85 小時的高強度訓練，假日更是每日連續 8 小時泡在水裡，終於在複考時，成功通過考試，取得證書。我想，這對我而言是很瘋狂的，如果沒有去環遊世界，我這輩子都不會去考救生員。

　　學習過程雖然辛苦，但讓我深深了解，水上救援和浮潛完全不同，再怎麼會游泳的人，如果沒有經過專業的訓練，也不會

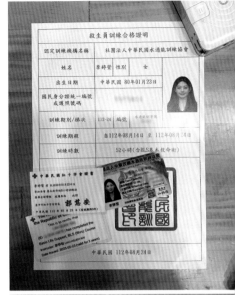

上圖／第二次才通過考試取得救生員證書，覺得自己還是很棒。
下圖／被訓練了兩週，剛好當旅行前的鍛鍊。

懂得如何在救人的同時自我保護，這就是為什麼有些救人者反而溺水枉走的原因了。

考到證書後，在說服父母可不可以去環遊世界的事情上，至少多了個好理由，可以說：「如果回來後真的失業，那我就去當救生員」。

你會使用滅火器嗎？

我還必須說，除了救命術，對於一些基本生活常識，大家也要惡補，例如必須紀錄每一個國家的大使館電話，及各國緊急救命電話。還有還有，車子爆胎時怎麼辦？該怎麼換備胎？滅火器怎麼用？逃生路線怎麼看，這些都需要學習，看到這裡，我猜已經有人在笑了，別笑，轉頭問問你旁邊的人，你真的會正確使用滅火器嗎？

我們很認真的惡補這些生活上有用的知識，雖然在秘魯遇到大地震，整個旅館只有我們一家沒有出來避難，畢竟，台灣人真的很熟悉地震。

若叔冷知識分享！

只要你有手機，在有收訊的地方，即便你沒有安裝 SIM 卡，都可以撥打 110、119、112 等緊急號碼，尤其歐洲和使用全球移動通訊系統的行動電話，112 為統一的求救電話號碼。

行李裝備
第一次當背包客，居然是帶著孩子

裝備的採買五花八門，比買孕婦裝還難，最後我們捨棄了行李箱，
選擇了大型登山背包，也表示我們捨棄了舒適，選擇了未知的冒險。

解放雙手用背包旅行

一直以來我都是行李箱裝好裝滿的人，即使行李不多，我也會帶一個空的行李箱，在回程時滿載而歸，但這樣出行真的很受限，像是階梯、路面不平整時，推行李箱走路簡直就是一場障礙賽。在此之前我根本沒有當過「背包客」，但為何最後會選擇背包，最大原因也是最大優點，就是可以解放雙手，自由行走，因為還有 2 個孩子要牽呀！

決定選擇用背包裝行李後，對於平常不運動不登山的我們，選起來簡直五花八門，要怎麼譬喻這種感覺？就像剛懷孕的孕婦，前往百貨公司母嬰樓層，看到各種牌子的孕婦裝與母嬰用品，真的會頭暈眼花。

我們做了很多功課，了解原來 1 日裝的背包大約是 20-35 公升，而 3 日的背包大約是 35-50 公升，5 日的背包則 70 公升左右或者更大容量，也有包包與托桿二合一的樣式，只是重量會更重一些。

除了背包容量以外，最重要的還是背負系統。這點我們在眾多的戶外用品店做足了實驗，可以請店員將包裝滿，或者帶幾瓶水測試背負系統，最後買了對我們相對較實用的品牌背包。

而背包能不能上飛機，取決於收包的大小，例如許多 48 公升的包，在沒有裝滿的情況下，其大小應該是允許上飛機的，如果裝滿的話，尺

寸有可能會超過能登機的尺寸。由於我們旅行途中，還是會有物品需要托運，所以我們最少都會有一個托運背包，這個就可以選擇容量較大的背包。

除了後背包，還需要選擇前背包，畢竟只有後背包的容量，並不足以裝下一家四口的所需物品。前背包需要輕巧，不能太大，但也需要夠能裝，大多會裝隨身攜帶的重要物品，例如證件、錢及隨時會用上的東西。如果有攜帶筆電出行，還需要有防撞設計，這一個是若要去廁所，也建議不離身的包。

生活行李好建議

長途旅行一定會遇到季節變換，「外套」我們 1 人帶 3 件：防水防風外套、羽絨外套及防曬外套。在最寒冷的天氣裡，我們會先穿上防曬外套，將羽絨外套作為中間發熱層，最後再加上防水防風外套，這樣的洋蔥式穿法，可以更有效地抵擋寒冷。

再來，我們將拖鞋換成「洞洞鞋」，許多人會選擇拖鞋，作為長途旅行放鬆時能穿的裝備，而我們選擇洞洞鞋，是因為它跟拖鞋一樣很好穿脫，而且可以走到海裡，不怕濕、不怕礁石，在下雨天穿也不怕引發腳臭味。

我還帶了很多人想不到的「兒童肚兜」，老一輩常說：「肚臍吹風會拉肚子」，不管真假，肚子吹風是真的容易感冒，所以就算是在沒有電的情況下，孩子想要脫光光睡，我的答案是：「可以，但至少要有肚兜喔。」，我們在埃及一些地方跟亞馬遜都沒有電，孩子們真的就是只有肚兜和內褲。

這就是我們所有的包包，裝滿一家人的行李。

　　我們還買了「充氣床墊」以及「睡袋」，事實證明在親子旅行上是很實用的，在我們的行程中，會遇到在車上過夜，或是自駕時孩子累了的時候，都能拿出來使用。

　　我也建議可以自備「吹風機」，萬一遇到沒有提供吹風機的住宿地，濕髮睡覺很容易頭痛感冒，請準備有國際電壓，就是有 110V 和 220V 可以轉換的吹風機最方便使用。

　　在旅行的一開始，我從頭到腳真的有很多瓶瓶罐罐，直到旅行尾聲，我已經練成只要一顆「肥皂」足以。無論潤髮乳還是洗面乳，甚至洗衣

粉，通通不需要了，只要小尺寸的保鮮盒，就可以輕鬆裝著肥皂到處跑，這也是我逃離舒適圈最大的改變之一。

備用手機很重要

我很建議多帶一台備用手機，而且是可以定位追蹤現在使用的手機，以及備分照片用的手機。為什麼？因為我們在厄瓜多的時候，住在隔壁的馬來西亞大姐，有次來敲我們的門，說自己手機被偷了，她要去手機店買一支新手機，卻發現 iPhone 有 5 顆鏡頭，然後她跑來問我「是不是真的」，當然不可能呀！現在 2024 年的 iPhone 鏡頭最多 3 顆，未來我就不知道了。

最後，我陪她跑趟手機行，在那裡的手機看起來都很假，只好買了一台較低階的手機，畢竟附近也沒有其他手機行了。之後我協助她設定手機，幫忙下載 App、登入帳號等操作，但因為不是習慣的系統，操作起來很不順手。這時，我就很慶幸，還好我們一直都有帶備用手機的習慣。

再來就是「自拍棒」，我對拍照沒有什麼要求，也不需要穩定器，只要有拍到我的人就可以了，輕盈的自拍棒就足夠。但是在冰島由於溫度過低，自拍棒不小心被我掰斷了，從此我們夫妻就再也不和睦了，我真的只要求在鏡頭內而已，但這對我先生而言好像很難做到，他有獨特的審美與角度，後來就很難買到自拍棒了，這是我的切身之痛，所以建議帶 2 支。

喔，我忘了，我們還有孩子。因為在許多國家自駕遊，在租車時都會被問到：「有沒有攜帶兒童安全座椅」，所以兒童行李最需要提醒的

就是「汽車安全座椅」，可以選擇最輕便、可折疊的就好。兒童玩具就2個，望遠鏡和挖沙玩具足矣！

有電鍋就能吃飯

最後，在長途旅行上，我非常推薦帶「電鍋」，剛開始最主要是為了孩子，後來發現大人也很實用。很多國家的主食，我們並不一定吃的習慣，在各個國家買米還不算太難，雖然不一定好吃，但至少是米。這時只要有 1 台電鍋，煮上熱

電鍋內膽也可以充當碗來使用，泡麵很方便。

騰騰的米飯，再簡單做碗蒸蛋，就是一餐，也能夠拿來煮湯，有電鍋就能輕鬆搞定。但目前電鍋沒有出支援國際電壓的版本，建議可以攜帶220V 的電鍋以及變壓器，因為世界上有 8 成國家都是 220V 的電壓。

說到煮飯，建議可以把胡椒鹽、醬油帶著，長途旅行絕對跟一般 3-5 天旅行不一樣，在國外吃不慣時，可以自己調味。為什麼推薦大家買胡椒鹽？因為台灣的胡椒鹽味道是真的好，在許多地方，只買得到胡椒粉，鹽要自己調配，配的不好吃就浪費了，記得最初環遊世界時，胡椒鹽被我弄破了，從此有段時間的飲食過的好艱辛，而醬油純粹是有些地方不只貴，牌子也沒得挑，還不如自己先帶好。

以上就是較為特別的行李提醒，我也做了一個行李總整理，給大家參考。

行李總整理

☐ **證件**：各種證件（參考 p.20）、提款卡、信用卡

☐ **現金**：美金、歐元

☐ **背包**：後背包、前背包、防水包、隱藏腰包

☐ **外套**：防風外套、羽絨外套、 兒童背心

☐ **上衣**：短袖 4 件、發熱衣 2 件、長袖上衣 2 件

☐ **下身服裝**：短褲 4 件、長褲 2 件、發熱褲 2 件

☐ **內衣類**：內衣 4 套、內褲 4 套、睡衣 1 套

☐ **襪子**：襪子 4 雙

☐ **保暖配件**：兒童肚兜、圍巾、毛帽、保暖手套、防水手套、防雪褲

☐ **鞋子**：防水運動鞋、洞洞鞋

☐ **電器**：吹風機、電鍋

☐ **睡具**：睡袋、充氣床墊

☐ **防曬**：防曬乳、墨鏡、遮陽帽、防曬外套

☐ **洗漱品**：牙刷、牙膏、牙線、洗髮精、沐浴乳、肥皂、刮鬍刀、指甲剪、髮圈

☐ **保養品**：乳液、蘆薈霜、護唇膏、護手霜

☐ **生理用品**：衛生棉、月經碟片、月亮褲（依自身習慣準備）

☐ **生活用品**：快乾毛巾、快乾浴巾、曬衣繩、曬衣夾、針線包、折疊衣架、洗衣袋、夾鏈袋

☐ **游泳**：泳衣、手機防水袋、泳鏡、泳帽、兒童臂圈

☐ **餐具**：折疊保鮮盒、折疊矽膠碗、冷熱保溫杯、湯匙、叉子、筷子 、環保吸管

☐ **調味料**：胡椒鹽、鹽巴、醬油、辣椒粉

☐ **行動設備**：手機、備用手機、SIM 卡針、AirTag、自拍棒

☐ **充電設備**：充電線、充電頭、行動電源、延長線、轉接頭

☐ **監控安全設備**：防盜鎖頭、攜帶型監視器（參考 p.39）、頭燈、瑞士刀、手機掛繩、車上手機架

☐ **基本醫藥**：優碘、OK 繃、止痛藥、止暈藥、胃藥、止瀉藥、眼藥水、咳嗽藥、發燒藥、鼻涕 & 過敏藥、口內膏、消炎藥膏、抗生素藥膏

☐ **預防藥品與保健食品**：高山症藥、防蚊液、止癢藥、消毒錠、益生菌

☐ **其他兒童用品**：手推車、簡便兒童汽座 、望遠鏡、挖沙鏟、蠟筆、小繪本

防盜鎖頭不能少

由於我們到不少低度開發國家，所以很怕被偷被搶，我們除了上方的必備行李外，還準備了各種鎖頭來應付治安問題，下方有鎖頭應用照片，用圖片解說最清楚。

阻門鎖，可以防止外人入侵。

伸縮鋼絲鎖，可以用來綑綁行李，必要時可將它與身上衣物做連結，避免熟睡時，行李被偷走。

八字扣，在拉鍊處裝上，小偷要拉開也麻煩。

窗戶鎖，許多房子的窗戶和落地窗都沒有鎖，我就會使用，防止兒童開窗或陽台門，以確保安全。

帶有TSA美國認證的海關密碼鎖，只有海關人員持有這種鎖的特殊鑰匙，在需要檢查行李時，可使用鑰匙開鎖，不需要破壞行李鎖。

重要小物

AirTag：若是物品被偷或是自己遺忘在某處，這時AirTag可以透過手機找出物品位置，但不適合拿來追蹤人，只能追蹤物品。

攜帶型監視器： 配合行動電源很方便好攜帶，透過它放在房間，當畫面有變時，手機會提醒「畫面正在改變」，可以以此確認是否有小偷，或當作報警證據，也可以當作行車紀錄器，非常方便。

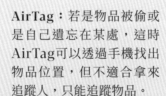

延長線： 我們選擇圓形的延長線，搭配國際轉接頭，非常省空間又方便。

藥品準備
海外旅居藥不藥

環遊世界時間很長，建議先在台灣拿好旅遊備用藥，
小病小痛可以先靠自己得到緩解。

備用藥品分為5大類

　　台灣醫療水準世界好，出國需備用的藥品相關資訊，都可以在旅遊醫學門診以及家醫科詢問得到答案，醫生在給藥品的同時，會提供藥單處方箋，請記得全部攜帶，海關臨檢查詢時可以出示。

生活用藥：在不同國度及氣候轉換的生活，很容易感冒、發燒、過敏，所以我們事先準備包含止痛退燒藥、止咳化痰藥、抗過敏藥和抗生素等，就不用太擔心，唯有抗生素需要事先記好醫囑，看是必須吃完3天或7天的藥程，必須按時吃不能斷。有些在國外未必好買，「隱形眼鏡」在美國沒有處方箋無法購買，我曾經因為要去美國，帶了好多拋棄式隱形眼鏡。

消化系統藥物：剛到異鄉難免水土不服，就容易出現頭暈、嘔吐、腹瀉等症狀，建議備用止瀉藥，也包含暈車暈船藥和保健品益生菌。拉肚子太嚴重時，多喝電解質水很有幫助，這個我通常在當地藥局購買。

止痛消炎藥：背著很多又重的背包旅行，對肌肉消耗很大，所以我們也會備用肌肉鬆弛劑、酸痛貼布等，用於緩解肌肉痛或是其他不適症狀。

外用藥物：包含OK繃、優碘、抗生素藥膏、止癢藥膏、口內膏與眼藥水和針對皮膚過敏、受傷、破皮的類固醇藥膏等。

特定疾病藥物：有兩種，高山症藥物、防瘧疾藥物：必須至旅遊醫學門診請醫師評估，可以出示機票。請醫生開立足夠的藥量，並且主動告知自身病史，才能確保安全用藥。

醫生建議去海拔較高的地方，最好是「逐步適應」，給自己時間逐步升高，特別在超過海拔 3000 公尺時，每天上升不超過 300-500 公尺，並停留 1-2 天再繼續前進，因為高山症藥物的副作用較高，必須要針對特定的健康問題、慢性病，決定應攜帶的藥物及處方箋。

個人防護用品

我還會將個人防護用品歸類在醫藥包裡，以下我會在台灣先買好，除了在高海拔地區使用便攜式氧氣瓶在當地購買即可。**防蚊液**：雖然不屬於治療藥物，但很多地方還是有靠蚊子傳播的疾病，包含登革熱、瘧疾、茲卡病毒等，防蚊液是很重要的保護。**防曬乳**：我選擇使用礦物防曬乳，可保護海洋生態環境，也預防自己皮膚曬傷，減少皮膚癌的風險。**消毒錠**：通常我使用 Milton 米爾頓消毒錠，冷水浸泡即可將取代消毒鍋，我用來消毒奶瓶、食物容器、女性環保生理用品等。

小藥包隨身攜帶，預防萬一。

大藥包可以放在住宿地點內。

將說明書和藥捆在一起，可以省空間也不怕海關查。

塞劑怕融化可以準備鋁箔封口藥袋。

長輩溝通
救命啊！鬧家庭革命了

到了與父母溝通「我要環遊世界」，這個最重要的環節了。

我有事要說

　　最初我們有制定 1 條環遊世界的路線備案，雖然我知道不會照著走，所以我們只訂了 1 張出發的單程機票，這一切只是為了讓長輩安心。

　　抵達娘家時，第六感很強的我媽，馬上發現我有事要說。

　　「妳要幹嘛？」「我有件事要說。」

　　「妳要說什麼？離婚？」「不是啦！」

　　我媽放下了心，又馬上警覺說「還是妳外遇？」

　　開始霹哩啪拉的說「我們的家教可沒說可以外遇 blablabla⋯⋯」

　　「我想帶著孩子去環遊世界。」

　　「還好不是外遇。」我媽鬆了一口氣，馬上又道「蝦米，環遊世界？」

　　我開始說起環遊世界原始的路線，大概就是埃及、摩洛哥、約旦、以色列後抵達歐洲的路徑等，光聽前面這些地方，我媽就崩潰了！

　　她說：「你們要受苦，幹嘛帶我孫去」，抱著我的 2 個孩子說道。

我不知道會不會後悔

　　「我覺得我的人生好像一直在等，總是問自己下次是哪次，改天是哪天，我想趁年輕，腿還在，出去看世界。」沒錯，當下的我就像背誦一樣，說出這段話。

出發前，長輩「強烈反對」，但我們不退卻。

我媽屏住呼吸，又深吸了一口氣：「我不知道，我不管了，問爸爸。」然後我媽抱著 2 個孫子用台語喊：「苦憐喔！阿嬤秀秀，歹命啦！媽媽瘋子。」

等到爸爸下班，我冷不妨的對他來了句：「爸，我要去環遊世界。」「哎！我剛下班，很累，妳別搞事了。」說完我爸就上樓了。

我跟先生在房間冷靜了許久，我們沒有著急，也沒有難過，這都在預期內，我們只是想著明天要用什麼方法，說服父母，雖然講白一點，內心是：「爸、媽，這趟國我是必出無疑了，你們不支持，我們還是會去，支持的話，旅途中還能透過視訊看看孫女。」

但此時的我們已經長大了，不會衝動行事，做事不需要徵得父母同意，但選擇尊重父母，希望能理解我們。隔天，我整理了一些成功案例，並把我們的初衷、為什麼出發、回國後的備案，用紙本清楚的分析出

來，還沒等我們開口，我爸便邀請我們談話。

身為一家之主的爸爸，講話比較有分量，「說說你們的計畫。」我把想法和已經做的準備一一說出，而我媽在旁一邊陪小孩，一邊聽我們的對話。

「你們的意思是，用 100 萬可以環遊世界？」對的，當下我們賣車的錢只有 100 萬。「是，但我發現，環遊世界的機票只要 5 萬塊。」我指著手機上的地圖，然後說：「在旅行中，我們會選擇跟房東同住，這可以有效的控制經費。」

「所以你們把新車賣了？」，我與先生異口同聲的說：「對。」「你們確定可以接受之後再買一台便宜的代步車？現在的生活已經漸入佳境，你們認為未來還能夠回到以前嗎？」這件事情，我很不確定，也不確定去環遊世界會不會後悔，但我確定必須走出去看看。

因為大學畢業時，我曾申請澳洲打工遊學，當時因為家人好友、男友的勸阻，我退卻了，這在我心裡是很大的遺憾，再後來就踏入婚姻，過了年紀，我常感嘆這件事情我永遠都沒辦法做了。說來好笑，那時的男友跟現在的老公是同一個人，他曾反對我去澳洲，而現在卻是推動我去環遊世界的那個人。總之，我又有機會了，當然要緊緊抓住。

「我不知道。」吞了吞口水，我又繼續說：「但總要試看看，不管會不會後悔。」這時我爸說話了：「旅行的路上，盡量天天保持聯繫。」那時的我眼淚快掉下來了。

他又說：「你們長大了，不像年輕時談戀愛，什麼事情都要經過我們同意，我相信你們會做好萬全的準備，只要你們自己不後悔，那就去吧。」語畢，我爸起身，回頭抱著他的孫，問他們：「你們也想出去玩嗎？」這下，環遊世界這件事，是真的要展開了。

行前規畫 ⋯⋯⋯⋯⋯⋯⋯⋯
帶上存款就出發

實際上，我們沒有事先抓好預算，就是賣了車以後，
帶上我們的存款，就勇敢的出發了！

旅遊預算有多少？

　　我們對環遊世界這件事，一開始就沒有拿捏多少錢，在買好行李裝備，去醫院藥局備妥藥品，檢查好身體確認健康後，我們對於行程真的沒有完整計畫，要去哪裡？待多少天？真的沒有預設，我只決定一個地方，那就是第 1 站「菲律賓」，其餘沒有規畫。

　　為什麼？因為我打開 Skyscanner，輸入「任意日期」還有「任意地點」，最便宜的就是菲律賓宿霧，所以我就這樣決定了第 1 個旅行的國家，然後就開始一切隨緣的環球冒險。

　　我知道很多人對於長期旅行，會有很大的擔憂，所以我回想一下，當初在出發前，我就有想好 5 大重點，分別是機票、簽證、交通、住宿和網路，這些在心中有個底，其他的就抱著能去就去，不能就算了的心態，走到哪算到哪了！

機票

　　除了第 1 張機票，其餘的都是在旅行途中才決定下一站要去哪裡，我的重點就是「**日期彈性**」，還有「**任意地點**」，才能利用「**廉價航空**」用最少的錢繞地球一圈，將省錢效益達到最大化。

上圖／簽證隨走隨看，
哪裡給我辦我就去哪。
下圖／很多國家對台灣
有開放落地簽。

簽證

　　這是最多人擔心的問題，其實，我要
說免驚啦！持有台灣護照可以在全球 141
個城市享受免簽證入境的待遇，顯示台灣
護照的強大和旅行自由度的提升。基本
上，為了最大化的減省旅費，我盡量只去
免簽證的國家，如果真的想去需要簽證的
國家，現在都很方便，可以選擇不需要本
人到場，只需網路線上辦理電子簽證的國
家旅行，需要了解詳細免簽證或電子簽的
資料，可至外交部網站查詢參考。

　　我們偶爾會聽當地的遊客分享，成功在
大使館申請到鄰近國家的簽證的事，如果
想去，就試著申請看看，例如我們就在秘
魯普諾的大使館，成功申請到玻利維亞的
簽證。

交通

　　我們在當地旅行，大多就是自駕和搭乘
大眾交通工具，自駕部分要確認當地是否
承認台灣的國際駕照，只要可以使用，其
餘交通規則及停車與罰鍰問題，可以直接
詢問租車公司。

　　若選擇大眾運輸，我們會事先下載當地

的交通 App，或者使用 Google Maps，規畫從機場到住宿的路線，其餘的等到住宿點後再說，不花太多時間做功課，避免過多的焦慮。

住宿

大部分我使用 Airbnb 訂房，在這裡找到與房東同住的住宿，因為便宜，又能更了解當地生活文化。至於是否會踩雷，這部分我在選擇時，會一一細看評價，運氣好可以找到優質房東，提供新的房源，得到的折扣也很高，基本通過認證的房東都有一定的好評率，可以放心入住。

當然也可以選擇用 Agoda 和 Booking.com 訂房，差異在 Agoda 的優惠專注於亞洲地區，而 Booking.com 的房源更廣泛，全球覆蓋率較高，如果只在亞洲旅行，Agoda 會是好選擇，在歐美或其他地方，Booking.com 可能更合適。以上 3 種平台，都有幾天前可以免費取消的政策，可以依照個人旅遊行程彈性調整。

網路

我再說回來，在海外網路可分成 Sim 卡、國際漫遊和公共 WiFi 等 3 種方式。

「**實體 Sim 卡**」是最常見的選擇，適合短期旅行者，可以在台灣事先購買，也可以在當地機場及便利商店購買，一般可以根據需求，有不同天數、流量和通話時長等多種套餐選擇。

「**E-Sim 卡**」是近幾年才出現的數位 Sim 卡，無需收到實體卡，掃描 QR Code 即可使用，缺點是並非所有設備都支援使用，手機需要近幾年的機型才適用。

「**無國界上網卡**」適合經常出國旅行的人，這張網卡支持超過 130

個國家和地區使用，擁有透明的費用結構，便捷的購買方式，可根據自己的需求和目的地的網路環境選擇使用。

以上 3 種都必須確認「可否開放熱點使用」、「單純上網卡還是有門號」，這對我都非常重要，熱點可以分享給其它電子設備，也可以分享旅伴使用，2 人買一張網卡也是省錢。關於「門號」，旅居時用在地的 App 搭車或者外送軟體，或是申請在地會員卡等，偶爾會需要有門號才可以註冊，如果是單純上網卡，會稍微不方便！哪種最便宜？我覺得是在當地購買的 Sim 卡，通常我會在當地電信公司或便利商店購買，在這之前我就會利用「**離線地圖**」和「**離線翻譯**」過渡一下。

 貼心提醒

Skype 是即時通訊的 App，可透過擁有網路的 3C 產品，包含手機、平板、電腦等提供語音通話服務，這個 App 在國外打電話回台較便宜，也可以撥打 0800 的銀行客服，非常方便。

夢想啟程
英文不好不重要，出發就對了

有人會問「你們夫妻倆英文很強嗎」
「不」，我的英文很破，但那又如何？

開始才能快速成長

　　雖然之前我已經有 16 個國家自由行的經驗，但我的英文一直是緩慢成長，大概就是食衣住行很簡單溝通的程度。可能「我敢說」是個優點，旅行中難免會利用電話叫外送，稍微可以用電話與對方溝通：「我正在哪裡、我正在等你、我正要找你。」或是凌晨必須用電話聯繫租車公司等，其餘只能說，我可能連國中程度都不到。

　　大學的我，英文甚至還被當掉，現在的英語能力純粹靠著熱愛旅行學來的，我也想過學好英文後再出發，但總是無法等到最完美的那一天到來，我想我要做的是「現在開始」，只要在開始的途中，無論做什麼，都能快速的成長。

環遊世界，我們來了！

手機翻譯軟體很重要

　　雖然英文是世界第一大語言，但真正融入當地生活後，我發現很多地方用不上英文，因為我們的旅行，非英語系國家就佔據了 2/3 以上，加上大多不是名勝景點，也不是有星級的大飯店，講英文的人自然就少。這時候手機翻譯軟體就顯得非常重要，我們會利用離線翻譯，讓自己不陷入溝通障礙，所以世界有多大？走出去了你才會真的知道，所以英文不好不重要，想旅行總會有辦法。

　　在出發前，我告訴自己「有些事情不是你很厲害才能做，而是做了才會變厲害！」這次是最佳的出發時機，因為孩子明年即將上小學，之後應該沒有辦法離開台灣超過半年，甚至 2 個月，這會是我第一次離開台灣這麼長的時間，或許也是最後一次，我想我已經準備好，要迎接新的自己了。

　　走！沒有回程機票的旅行冒險，開始！

免費的Google翻譯就很好用，可以放在手機主畫面裡，不需要解鎖也能開啟，拍照翻譯及雙方交流對話都很方便。

PART 2

沒有回程機票的冒險旅行，開始！

一家四口的220天，足跡遍佈五大洲26國，

不小心就把地球繞一圈了，

這讓我們認識了更多元且不同的世界，

而且證實長途旅行可以慢慢的治癒自己。

菲律賓
Philippines

在這裡
海膽免費吃到飽

在菲律賓 7000 多個小島裡，我們選了一個叫做「錫基霍爾」的小島。

搭飛機抵達菲律賓宿霧，從機場搭車到碼頭後，還要再搭「2 趟」約 2 個半小時的船才能抵達，再加上轉乘等待的時間大約 10 幾小時，這樣的時間距離都能從台灣飛到美國了，所以這個島如果只待 3-5 天，會很趕的，當然要好好玩耍，等玩夠了再離開才划算。

旅行第一站菲律賓女巫島

「錫基霍爾島」傳說是一位女巫利用巫術將島升起才有的，也被菲律賓人稱為「女巫島」，是許多菲律賓人認為禁忌的小島，當然這些都已經是早年的故事了，現在就是一個普通的小島，而在島上的確有許多關於巫師、巫術以及魔法藥水的販賣，相當有趣。

一踏出碼頭就有許多嘟嘟車司機上前詢問，這與一般東南亞小島沒兩樣，但令我驚訝的是他們「統一價格」。完全不用貨比三家，給我一種島上居民都很團結的感覺，這一點很好，不怕搭到黑心車。

人生第一次住開放式木屋

這是我們人生第一次住在開放式的木屋裡，為什麼說是開放式？木屋裡每條木頭與木頭之間的距離約有 1 公分寬，這代表什麼？代表這

裡絕對完全開放，任何你想像得到的昆蟲與爬蟲類都可能與你同在，這只是基本配備而已。走進房間裡有著半露天的衛浴設備，就是沒有天花板，如果下雨了，我想可能要撐著雨傘上廁所吧！

經過木屋住宿體驗後才知道，原來，島上的電都是借來的，所以偶爾會斷電幾個小時也是很正常的。

為什麼選擇這裡？當然，就是方便玩耍又便宜呀！木屋就位於海灘旁邊，步行僅 10-20 公尺，1 晚住宿費只要台幣 700 元。

體驗當地生活找有趣的事

每天起床後，我們學當地人騎著機車吹風、泡在海裡玩耍，沒有吃任何餐廳，而是去在地的自助餐或是路邊攤，環境是不太好，真的很容易吃到 6 隻腳的那種蛋白質，但這只是一個測試，我們只是想試試吃

跟當地人學抓海膽，一起分享。

這些食物是否真的會拉肚子，當然每個人的體質不同，我不推薦各位這樣做，只是我們一家認為在不知道的情況下，是可以選擇嘗試的而已。

有人會說，沒有更好的選擇嗎？當然有。這個小島雖然冷門，但該有的五星級飯店跟餐廳還是有，只是這不是我們想要體驗的方式。

幾天後，我們開始找尋島上有趣的事物，我們跟當地人一起跳水，發現只要台幣 20 元就可以無限跳。在 1 棵百年樹下的水池裡居然真的有會吃腳皮的魚，但是那不是我們台灣認知的溫泉魚，魚長的都超過巴掌大，許多外國人覺得很驚奇，我們在那裡待了好久。

每到黃昏時刻，我們會騎車到一個有很多人在抓海鮮的海灘，為自己的晚餐加餐，我鼓起勇氣訪問了許多人。

我問：「這是可以直接抓來吃的嗎？」當地人回答：「可以，每個人都可以抓。」我又問：「那你們都抓些什麼來吃？」當地人給我展示他們捉到的戰利品，大部分是海螺或是海膽類的新鮮海鮮，通通都不用錢。

一家跟著趕海吃免費海膽

我們去買了手套，開始學他們在那裡抓海鮮，接著一家四口也跟著插秧……哦不！應該是說趕海，就像台灣「撿螺仔」，意指在退潮時撿貝殼螺仔等帶回家煮來吃。

一下子的時間，我們就撿了好幾桶海膽，這時我又找到一個在地人，提著桶問：「我現在要怎麼做？」對方是個年輕女孩，她笑著說：「妳這些都不能吃。」天呀！原來海膽還有分可以吃和不能吃的呀！

她把抓到的好幾桶海膽一起倒出來，招呼了孩子，跟我們說：「我們可以一起吃。」孩子很開心地將海膽一把抓起，拿石頭把海膽敲呀敲，

一直停電的簡易木屋。

挖出裡面的肉，一下子就吃掉了 1 個海膽，跟啃瓜子沒兩樣。

年輕女孩又從口袋裡拿出 1 袋醬料，在我打開海膽之際，她將醬料倒進去，用眼神告訴我：「味道很好，妳快試試。」原來是他們家的自製酸辣醬，能把海膽的腥味去的一乾二淨，搭配著吃真是太鮮美了，那個下午也是孩子們第一次吃到這麼多新鮮海膽。

之後的幾天，我們更練就了一身抓海膽、識海膽的功力，而大女兒也在菲律賓的海邊正式學會了游泳。

此刻正在寫書的我，將孩子託付給母親，好讓我能夠靜下心來紀錄這曾經美好的免費大餐。耳邊竟聽到大女兒在樓下喊著：「阿嬤！我今天可以吃海膽嗎？ 10 個就好。」原來，孩子還不知道海膽在台灣屬於稀有海鮮，看來環遊世界還是有點副作用的呀！

7000 個島
哪裡便宜哪裡去

誰說旅行一定要去觀光景點，我就傾向沒有觀光客的地方，
因為在那裡，能找到最平價且最在地的旅遊體驗。

生活在都是試用包的島上

在錫基霍爾島的島上販賣很多沐浴洗髮用品，都是小包試用包裝，如果出現在觀光區可能不稀奇，但是這裡是幾乎沒有觀光遊客的小島。

我們隨口問了房東：「這裡遊客多嗎？我發現商店賣了好多小包裝沐浴用品。」他一臉疑惑的看著我，我上網搜尋圖片給他看，他才點頭道：「這是我們自己也會買的，跟遊客沒關係。」

聊了才知道，原來他們本地人也買這樣小包裝，在台灣正常我們會買一整瓶洗髮精或沐浴乳來使用，這樣的消費方式絕對會比小包散裝來得便宜也環保，但他們說：「我現在只需要 1 包，就只買 1 包就好了，剩下的錢可以拿出去玩。」不去想未來的事情，把享樂擺在第一位。當時我的腦中還是出現很多成本不划算的想法，也許是在國外，文化差異讓我馬上換個方式想，至少他們快樂。

當地人說：「我知道這樣不划算，但我有可能買一瓶沒有用完，之後出

除了試用包也很多這種迷你包裝罐。

意外死掉，那很可惜。」簡單一句話讓我震撼，原來在菲律賓人嘴裡講出死亡這麼容易，在台灣尤其是長輩會將死亡當成禁忌，我想他們想表達的就是「珍惜當下」。

前往有拖尾沙灘的處女島

在錫基霍爾島已經待了3週多，我們來到邦勞島，位於土地相連著的薄荷島南部，這裡就屬於大多數人來薄荷島會安排的景點，可以直接駕車抵達。

我們沒有做任何功課，就在大街上參考每個舉牌的旅遊行程，這和以往遊玩方式不同，也許是時間夠多，我們更有時間慢慢做比較，最終

每天就跟當地孩子泡在一起。

當地 Tour

在島上有許多舉牌的旅遊行程可以參考，這是菲律賓邦勞島旅行社的特色，行程包含帶你跳島去玩沙灘摩托車、飛行傘、海島行程以及鯨鯊共游等，沒做功課的人可以參考挑選後，跟著行程走就好。

在麥當勞大街上找到一個相對較便宜的價格，我們將前往處女島。

處女島的重點不在島，而是退潮後才會浮現的拖尾沙灘。左右兩邊皆是海，獨自走在拖尾的沙灘上，淺灘裡還有賣海鮮、烤肉跟一些飲品的小攤販，有時間的人不妨坐下體驗。

旅行中地點的選擇以經濟實惠為主，但我們會多花一點錢選擇私人小團，一來孩子不會影響到他人，我們大人也能玩得輕鬆。例如出海行駛時可以隨時和漁夫喊停，隨時的下海浮潛，找海膽、巧遇海龜，也可以因為喜歡某一座小島就多做停留，享受愜意、平凡，我想我們永遠會想念在菲律賓的這些日子。

很快的，我們即將前往下一個國家，也就是正式旅行的第一站：阿拉伯聯合大公國——杜拜。

杜拜 ★ 科威特
Dubai · Kuwait

杜拜公車站
竟然有冷氣

杜拜是世界上最大的人工島，
從高空俯瞰，不得不說真的很像一個未來的城市。

不要再當成中轉站

　　杜拜，本身不是一個國家，而是
「阿拉伯聯合大公國」裡人口最多的
一個城市，是面向波斯灣的一片平坦
的沙漠之地。

　　原本以為這只是飛往歐洲的轉機
城市而已，或是有錢的大人才會想來
旅行的城市，沒想到竟是個被我們
小瞧的城市。治安上，杜拜在中東
安全程度最高，適合女性單獨旅行，
而這裡也超適合親子遊，為什麼呢？

　　首先，它有最大人工海島、有最
原始又容易到達的沙漠和風光旖旎
的海濱步道，還有水上計程車、世
界一流的購物場所及世界上最高的
大樓—哈里發塔就在這裡。除了現
代建築，也有十九世紀的老城街區，

杜拜有世界最長的無人駕駛
鐵路系統。

在杜拜，男女還是不太能公然手牽手，或舉止太親密。

當然整個城市擁有各式度假村，重點是並不全是貴的，只要做好比較，挑選平價的住宿，估計沒有墾丁貴。

我們預定的房間費用 1 晚近 2000 台幣，有雙人床及沙發床，最多可供 4 人使用，大樓有泳池，房內提供廚房、洗衣機、冷氣、熱水等完善設施。若要選擇飯店住宿，除了六星級七星級的酒店以外，價格跟台灣的商務旅館沒有太大差別，甚至部分低於台灣，所以杜拜真的沒有我們想像的那麼高不可攀。

我們認為杜拜是每位遊客不可錯過的旅行城市，也希望各位不要再只當成飛歐洲的中轉站，因為它很適合旅行。

驚訝的「穆斯林」

杜拜是我們前往埃及的中轉站，在這裡短暫停留 5 天，發現地鐵超簡單，只有紅、綠兩條線，所以在城市內的景點，我們都搭乘地鐵出行，而且設有女士專用車廂，有強制男士完全不得進入的限制，實在非常適合想了解穆斯林文化，但又害怕埃及、印度等單獨旅行的女性前往旅遊。

說到「穆斯林」，也就是伊斯蘭教的信徒，讓我比較驚訝的是，他們遍佈在杜拜的各個角落，女性要戴頭巾以外，長的跟我們平凡人沒什麼不同，除了每 4 小時需要做 1 次禮拜以外，平時也喜歡看網路笑話、刷短影片，他們也害怕恐怖攻擊，也不喜歡戰爭，打破了原本我在台灣，只從電視新聞了解的刻板印象。

還有這裡跟台灣有點相似，看到許多人將手機、包包放在桌上，所以我認為不用擔心扒手問題，這裡的治安，真的是打破了我對伊斯蘭教國家的認知，再一次證實：「不要相信你聽到的，你要親眼去看。」

這裡處處有冷氣

杜拜有很多外來人口，在互動上，讓我覺得大家很相互尊重，沒有任何歧視，也因為外來人很多，旅遊業發達，所以英語在杜拜很好用，甚至有兒童英語學校，我們有遇到來自中國、日本、新加坡的朋友，他們的孩子就選擇在此就讀。

就因為杜拜這個城市的本地人非常少，有 9 成來自其他國家，所以貼心提醒乘坐杜拜大眾運輸交通工具時，最好「戴口罩」，車廂內充滿著各種香水和體味的混合，氣味很難形容，總之我覺得很容易引起過敏，因為我跟先生就真的過敏了，我們打了一整天的噴嚏，導致隔天扁桃腺發炎。

荒野中的公車站，也有冷氣！

11 月的杜拜，天氣正熱，那時一天中的最高溫度達到攝氏 49℃，所以我們驚訝的發現這裡「處處有冷氣」。雖然很多戶外景點，但是只要隨便走到一個室內，不需要是商場，舉例來說像是隧道、公廁、地鐵站，通通都有冷氣，而且絕對冷到像冰庫，是那種一開門就很容易感冒的那種冷，瞬間清涼。

想當然，只要是設有座位的公車站候車亭，也都有冷氣，許多人會坐在裡面小憩片刻，因為外面的高溫，實在熱到讓人走不動。這讓我想到在台灣喜歡隨身帶著小電扇，出國為了節省行李空間就捨棄了，這也算是脫離舒適圈的一環，以為如果沒有這個不能活，實際上沒有什麼事是絕對的。

穿著要求

杜拜對於服裝的要求較寬鬆，但尊重當地文化和習俗，在參觀宗教場所時，女性需要穿長袖、長褲或長裙，並且需要戴頭巾來覆蓋頭髮，男性也不能穿短褲，建議穿著覆蓋肩膀和超過膝蓋的衣物，在許多清真寺入口處，會免費提供適當的服飾。

我不免俗的換上長袖與長褲，坐在黃金街上看人來人往。

隨便金飾
都能買別墅的黃金一條街

我們完全就是個觀光客，純粹來欣賞這全世界最誇張、
最閃亮、最珠光寶氣的一條黃金街。

杜拜最具標誌性的景點

　　杜拜擁有全世界最長的無人地鐵
系統，很值得體驗，也是去黃金街很
便捷的交通方式，我們搭乘地鐵紅
線，並在 Union Station 轉乘綠線，
最後在 Al Ras Station 下車，步行
約 10 分鐘即可抵達黃金街，沿路也
可以欣賞美好街景。

　　「黃金市集」的歷史悠久，它座
落在老城區中，曾經創下金氏世界紀
錄，那裡曾經展示世界最大的 1 條
金項鍊，當時可是非常熱門的拍照
景點，現在是不少人到杜拜旅遊時，
一定會來買黃金珠寶的購物天堂。

　　我們並沒有認真參觀店裡的金市，
只看到整整一條街，全是光彩奪目
的店鋪，每家的玻璃櫥窗都陳列著

在全球最大的黃金市集，可
以看到金光閃閃的各式黃金
飾品。

穿梭在街道裡的叫賣小哥。

各種漂亮的黃金寶石，但我們坐在黃金市集的中心，看著人來來往往，穿著打扮上感覺有社會底層的人，也有非常貴族的人，我想著那些叫賣小哥們，辛苦的在街道裡來回穿梭，又想著是哪些人才可以進入購買，一家買好換下一家，彷彿城市裡最窮的人和最富有的人都聚集在此了，形成一幅衝擊性很強的對比。

世界第一的海上奇蹟

我們沒有去世界最高的哈里發塔頂端看看，我們選擇前往最大的人工島——棕櫚島，沒有為什麼，只是我覺得旅行要遵循心之所向。

棕櫚島是整個阿聯酋無法取代的人工奇蹟，登上頂端能夠看見活生生的棕櫚葉一覽無遺，在參觀的過程中，會有人導覽講解，當然下方樓層介紹就有包含如何建島、如何排除困難，以及許多建造的細節，之後才會讓大家登到頂端，看見整座人工島的完整樣貌，真的很震撼。

時間的緣故，我們並沒有去沙漠，最後一天選擇造訪世界最大的購物中心，大到什麼程度？大到有計程車可以叫，你沒聽錯，他們真的有室內專用計程車和司機，方便你在商店與商店之間來回，百貨裡還有全球最大的室內滑雪場、室內水族館，即使不花門票錢，也可以在門口看到最大的觀景台和水族箱，還有晚間在門口，可以免費觀賞杜拜最大的水

舞秀，氣勢不輸美國的拉斯維加斯，真不愧是擁有最多世界第一的杜拜。

原來杜拜沒那麼貴

在杜拜的幾天，我們去了博物館、綠化公園，老實說，除了熱，杜拜的生活很讓人嚮往，原本以為會昂貴到我們消費不起，才打算快閃，結果發現在地食物的價格跟台灣差不多。舉例麥當勞的價格只高我們一點點，其他食物的價格大概介於東歐之下、台北之上，主要是餐廳等級的落差很大，就好比有米其林餐廳，也有平價小店，像烤餅或是烤雞價格都很平易近人。

很快的，我們要離開了，內心有點難過，因為沒想到我會愛上杜拜！

世界最大商場裡有計程車可以叫。

太可怕！
這裡的人不講武德

埃及是我們下一個旅遊點，在這之間我們選擇中轉來到「科威特」。

這個機場瘋了

　　離開杜拜後，我們來到科威特，抵達時，眼前看到的是很小的機場，隨即我們馬上發現「問題」，當時眼前發生的種種，讓我們驚訝到下巴都要掉了。

　　首先，沒有人理會服務人員瘋狂叫喊「排隊、排隊」的要求，眼前的狀況彷彿喪屍來了，大家著急搶物資一樣，差點把我們的孩子踩平，感覺現場大家都瘋了。我跟先生馬上收起推車，抱著孩子前行，原本想當個守秩序的乖乖牌，但半小時過去了，除了我們，還有些歐美臉孔，也是一臉震驚，甚至上前幫我們護住孩子，完全沒有任何機場人員前來幫忙，我們才發現在這裡當一個守秩序的人，沒有意義。

　　當我們被擠得頭昏腦脹，孩子也感到惶恐不安時，我發現轉機時間已經超過，想尋求幫忙，竟得到服務人員「這不重要」的答案，我瞬間覺得「這世界瘋了！」

真的要慎選中轉機場

　　科威特機場的動線非常混亂，首先他們至少重複確認我們的機票 8 次，順著指示抵達第一個檢查行李的關口，但他們竟說我們應該去對

面才對，詢問怎麼過去，得不到任何答案，我們只能重新排隊，好不容易到了對面，又說「我們應該在另一頭。」最後的最後，他們兩方就吵起來了，甚至丟帽子準備打架，礙於海關不能拍攝，不然我真的很想證明給大家看有多荒唐，終於檢查完行李，又要求看一次機票，我很想說已經有很多人查看過了。

勿忙抵達閘口，這時已經超過飛機起飛時間 2 小時了，很慶幸，我們的飛機居然還沒起飛，這時又被要求看機票了，據我所知，通常在閘門口時已經是最後一次看機票了，除非在飛機上要確認位置，不然我不會再把機票拿出來，結果居然在連接道路與飛機的通道上，又檢查了 2 次。

最可怕的在後頭，到了飛機上，我們的位置被人佔走了，出示機票要求對方離開，旁邊一堆人在訕笑，說著：「你可以換位置。」由於語言不通，我請來空服人員要求他們換位置後，得到的還是那樣的訕笑，空服人員就笑著看著我，然後就離開了。

我們需要與孩子坐在一起，我很堅持要自己的位置，這中間沒有人願意幫忙，同時也發現這裡佔位的機率很高，因為很多人都反應自己位子被坐了，最後我不管他們聽不聽得懂，甚至拉起他們的手，很嚴厲的要求起身，他們才翻翻白眼，還我位置。

我發誓，真的沒有歧視

這 2.5 小時的轉機過程，讓我知道「科威特」是一個沒有規矩的國家，這裡的人非常不尊重他人，第一次看見空服人員在講解飛行應急設備時，他們不友善的笑與模仿，要求繫上安全帶時，只是表面照做

了，下一秒就故意解開，好像「天生就叛逆」一樣，全程當作自己的社交空間，能歌能舞，拍手叫好，還自認非常有趣，直到空姐反覆提醒應該繫上安全帶後，才不悅地回到位子上，最後飛機降落，輪胎著陸時，所有人齊聲解開安全帶，飛機還未停駛，就聽到打開行李上艙的聲音，爭先恐後地往前衝，匆匆的結束了我們很驚慌的一次飛行，也是最差的一次。

轉機注意事項

選擇轉機的同時，請一定要確認時間以及入境許可。
轉機時間包含「需不需要重新提取行李？」例如在美國，無論是否轉機，都要先入境提取行李，再出境，才能重新搭上轉機航班，有些國家不用入境，就可以直達轉機航班，所以預留的時間必須寬裕些，才能避免沒搭上飛機。
還有部分國家是連「轉機」都需要「過境簽」，有些國家則不用，這部分都需要事先上網查詢做好功課。

埃 及
Egypt

住在天天看見
金字塔的房間裡

這是我年輕時嚮往的國家，
總告訴自己：「這輩子，總得親眼看看金字塔。」

在陽台就可以看見金字塔。

埃及真是各種騙！

深夜 12 點抵達埃及開羅，入境後，有許多穿著類似機場工作人員背心的人，要幫我們搬行李，甚至提前一步，在行李轉台上就把行李放到他們的小車裡，等著人們抵達。剛開始我以為服務真好，直到他們推了幾步後，我問「需要費用嗎？」他們才點點頭，也許是我問的人很菜，不然老騙子會先說不用，事後要求收小費，最神奇的是我不想付錢，要求終止服務的當下，他們就翻臉不認人了。

我們早在網路上預定好租車，由於時間已晚，發現租車處沒有人值班，掛了一個牌子寫了一組電話號碼，請我們撥打。撥通後，只說「等我 5 分鐘。」沒想到這竟是我的惡

夢，我們大概等了 8 個 5 分鐘吧！這中間我重播電話、問旁邊的租車公司，他們都是回我「快了、快了！」最後取到車子，已經是深夜 2 點的事了。

航空公司也加入騙子行列，弄丟了我們的嬰兒推車，機場內的每個人把事情當皮球般踢來踢去，最後告知我「明天再來吧。」這真的造成我們巨大的困擾，當然隔天再來機場，也沒得到任何回應，後來才發現埃及人的做事態度很隨便，沒有人要負責任，許多景點的規定也沒有制度，「因為他們說什麼就是什麼。」不舒服的感受持續蔓延，此時，心裡已有這是我見過騙子最多的國家的想法了。

高速公路上不是只有車

我們正式在開羅自駕遊，出機場沒多久便上了高速公路，但讓我百思不得其解的是，這裡的高速公路有很多「東西」，首先有人，其次有駱駝，再來還有驢，好像任何活物都可以上來的概念，在高速公路上過馬路，對埃及人來說簡直是家常便飯。

離開機場大約 20 分鐘，就會進到開羅老城市區，在那裡，沒有紅綠燈、也沒有斑馬線。我想，旅行的意義就是保持好奇心，真的，當下心裡充滿許多問號，好想知道他們是怎麼生活的？

埃及的馬路上不只有車，還有動物。

睜眼就是金字塔

我們帶著疲憊，抵達第一週的住所，遇上半夜還願意開門接應我們的房東，真的很感激，待停好車，進入房間，我們一家什麼都不管，便沉沉地睡去了。

隔天一早，映入我們眼簾的就是金字塔，哇！在我們住的房間陽台，就可以看見金字塔以及獅身人面像的全貌。

後來才知道，原來在埃及開羅要找到「可以看見金字塔」的房間，一點都不難，從 1 星到 5 星都有，這時挑選重點除了房間景色以外，還可以看頂樓有沒有提供桌椅，甚至地毯，提供大家邊休息邊欣賞金字塔。

左圖／房東就住在我們樓下，有事情都可以找他！
右圖／每天曬衣服的風景就是金字塔，太酷了吧！

　　我們入住的是 1 房 1 廳，有雙人床以及沙發床，足夠 2 大 2 小使用，1 晚約 1000 出頭台幣，我們在這樣的房間裡待一週，看到了金字塔的日出與日落，甚至在金字塔前做曬衣服、吃飯等日常瑣事。

每天允許被騙一次

　　我們在任何大街小巷，都能聽到他們衝著我們喊「One dollar」，在埃及小偷與搶劫相對少一些，但他們的詐騙招數層出不窮，千方百計地想要從你身上騙點錢，舉凡假的員工、假的制服，甚至搭一個假的收費處，就是景區明明不用錢，卻有人立個牌子在那裡收費，說真的很難防，很多景點收費制度每天都在變，而且當地警官對這種事情是睜一隻眼閉一隻眼，不予理會。因為騙的金額也不大，常常就是「One dollar」。

　　我們利用自駕的方式遊埃及，是可以大大減少受騙的機會，即便如此，我還是幽默地告訴自己：「每天允許自己被騙一次」，畢竟他們太會了。

　　自駕在埃及沒有特別注意事項，基本路邊都能停車，就是有時當我們停好車後，會有穆斯林婦女前來道：「這裡是收費的停車場，我們必須收費。」並不是多大金額，我們不會多想就付費了，直到我們再走了幾公尺，又有人跑過來說：「我是這裡的管理員，我要跟你們收費。」我們才發現，這些上前搭話的人，都是騙子。

　　所以埃及的導遊告訴我們「在埃及，錢很好用，無論真假，花錢了事。」事實證明，當我們遇到警察開單時，簡單塞個小費，居然真的就不開罰單了，而且他們要的金額並不大，有時候多拿個 10-20 元台幣，

他們就會很開心，所以情況允許下，我認為是最省事安全的做法。

記得有次寄放行李時，大樓警衛只讓我們放在走道上，我們認為這樣不安全，與對方談判 5 分鐘，最後我想起導遊的那句話，我拿出約 100 元台幣的小費塞進他手裡，奇蹟的一刻發生了，只見警衛二話不說，直接下樓幫我們扛起行李，笑瞇瞇的放進管理室。

我不知道該怎麼形容他們，可能古蘭經有明確規定，偷竊和搶劫的行為會遭受到譴責和懲罰，法律對於暴力犯罪者又特別嚴厲，使得埃及的治安差只能凸顯在「騙」了，與南美洲任何國家比較，埃及算是安全的。

左圖／即使是埃及，我們依舊不走奢華路線！
右圖／大多數的埃及人都很熱情。

帶孩子勇闖
開羅垃圾城

很多時候生活中的平凡小事，你不以為意，
在一些國家裡卻是大有不同，比如倒垃圾這件事。

生活在惡臭撲鼻的城裡

在許多外國人眼裡，台灣人總是追著垃圾車跑的場景，是很特別很酷的一件事，我的確在其他國家沒有看過，大部分是時間一到就把家裡的垃圾桶推去定點，尤其歐美對垃圾桶有尺寸與高度的規範，需要符合，而埃及開羅倒垃圾有點不同，竟是有專人去回收後，倒在同個地方，現在成為知名景點，就是「垃圾城」。

在詢問房東與在地人後，大家認為垃圾城並不是危險的地方，只是對於觀光客來說，會覺得沒有必要。我們認為探索當地才是旅行好玩之處，所以自駕前往，建議獨旅者可以找當地嚮導，或包嘟嘟車前往，因為交通非常不便利。

我們一抵達就聞到惡臭撲鼻的氣味，濃烈到即使在車內也無法倖免，看著街道上遍佈著一袋袋的垃圾，蒼蠅亂飛是當地

走在埃及最底層的城市——
垃圾城的街道上。

在最骯髒的城市，人們卻有著最清澈的眼眸。

棘手的衛生問題，而這個城市為什麼會有這麼多垃圾堆積，是因為他們負責整個開羅的垃圾回收與分類，在開羅的每一戶人家或商店，垃圾城都會有人在固定的時間，前去收垃圾再帶回來處理。

垃圾城裡自成一格，在這難以形容的空氣中，他們自在的生活著，有餐廳、咖啡廳、商店、美容院、理髮店，特別說明，因為穆斯林女性在很多地方不能拆下頭巾，所以女性美容院會開設得非常隱密，外人不可見。

當我和孩子說起垃圾城的故事，他們非常的興奮，因為他們最愛撿地上的東西了。我想這就是孩子的天性，在台灣我總說這不要撿、這不能躺，可是在國外根本沒有人理你。

我們在當地買了烤地瓜和零食，與當地孩子互動，說也奇怪，在這個非常破舊不堪的垃圾城裡，我們居然沒有聽見「One dollar」的聲音。這讓我們大膽地在垃圾城內逛了起來，許多人與我們揮手道好，

基於尊重，我們不會隨意舉起相機，都是經過允許才會進行拍攝，在這裡我們看見很多約莫小學3、4年級的孩子，已經在騎摩托車運送垃圾，甚至還要帶著年齡更小的弟弟妹妹們生活，在這骯髒混亂的城市裡，我看見到他們清澈的眼裡，含有滿滿的善良。

骯髒的最後竟有明亮教堂

走過這個髒亂的城市，居然可以看到能容納約1萬人的巨大教堂，要到「勝西蒙教堂」，垃圾城是必經之路，人們也稱它為「洞穴教堂」。

教堂裡非常乾淨，才知道原來這裡也是垃圾城居民負責的範圍，他們將所有的垃圾整理與打包，再一車車將垃圾運回自己的住所進行分類，讓這個平凡簡單的洞穴教堂乾淨明亮，兩相比較簡直熠熠生輝。

在這裡，我親眼看到底層的人為了生活努力的活著，這讓我重新審視自己，也提醒自己，要更努力去感受這個世界的一切。

穿越垃圾城，才能抵達的洞穴教堂。

千萬不要
住在清真寺附近

出國對我們而言最為珍貴的就是從頭學起，
認真的把每一件小事做好！

以巴戰爭讓路線大轉彎

前往以伊斯蘭教為主的國家，有一點需要特別注意，也是我們的親身經驗，除了安全和省錢為第一要點以外，還會特地利用地圖查詢附近有沒有清真寺。因為穆斯林 1 天要禱告 5 次，到了禱告時間，清真寺都會播放渾厚而又莊嚴的讚歌，無論清晨或黑夜，所以你懂的，如果睡眠淺的朋友，一定要注意，以免完全無法休息。

因為孩子在菲律賓的生活很順利，我們認為他們也可以接受開發中國家，才擬定出後面的路線，埃及就是這樣來的。原本我們要朝以色列前進，就在我們預定機票後的幾天，以巴戰爭就開打了，剛開始有朋友跟我們說：「只是小衝突而已，很常發生。」但後來發現情勢越來越不對，所以路線急轉彎，也影響我們在埃及境內的旅遊路線，卻也因此遇到驚喜，來到埃及我最喜歡的城市——錫瓦。

在錫瓦城市裡的堡壘遺跡，是《刺客教條》的拍攝地。

在埃及也能水上飄

身為旱鴨子的先生，一直很期待有天可以在水裡飄起來，他覺得是一件非常酷的體驗，當我們跟房東聊到以巴戰爭，無法前往原先預定以色列死海時，房東說：「你很想要在水裡飄起來，也許你可以去錫瓦。」這是我們第一次聽見的地名，但去了以後，錫瓦變成我們在埃及很懷念的地方。

從開羅到錫瓦需開車 10 幾個小時，我們分 3 天慢慢開，這當中經過亞歷山大以及馬特魯 2 個城市，我蠻喜歡馬特魯，晚上逛夜市也沒有任何問題。

在埃及旅行到第 3 週，我們早已忘了當初戰戰兢兢的感覺，會在夜市裡享受小吃與甜點，也看到有人拿著棉花糖走來走去，埃及人的甜點讓身為螞蟻人的我非常喜歡，最煩人的就是耍小聰明的人，會有人直接將棉花糖塞在孩子手上，然後要求家長掏錢，孩子喜歡不放手，媽媽只能邊翻白眼邊掏錢，又無奈的看著孩子，不要說外國人了，他們當地人也被這招氣得不行，除了棉花糖還有玩具、氣球等，一定要跟孩子說，不要拿陌生人的東西，還好這點我們在台灣就

錫瓦鹽湖，讓旱鴨子都可以飄起來！

左圖／孩子，我們今天去玩沙！玩撒哈拉沙漠的沙！
右圖／在沙漠中看日落。

有教，還算有聽話，當我正準備大跨步買棉花糖當作獎勵時，先生攔住我，要我看看前方，接著，難忘的一幕在我眼前發生了，我看到棉花糖小哥把剩下幾包消氣的棉花糖，用嘴巴給吹！膨！了！「天啊」，我止不住倒吸幾口氣。還好，最後有在夜市的末端，看到一個埃及小哥賣手作棉花糖，讓媽媽沒有食言。

最後在邊開邊玩的情況下，我們順利抵達錫瓦了！

這是一個非常非常小的地點，很像台灣的集集小鎮，全鎮只有 1 台 ATM，餐廳 10 隻手指頭能夠數得出來，因為不是主要景點，可以用非常便宜的價格包車去撒哈拉沙漠滑沙和露營，也可以包嘟嘟車前往鹽湖找秘境。

在前往鹽湖的路上，嘟嘟車司機摘了幾個野生的椰棗給我們吃，非

常的甜，他向我們介紹當地的椰棗牛奶非常有名，歡迎我們嘗試。

在錫瓦找到鹽湖，先生如願以償真的在湖裡面「浮起來了」，他得到了前所未有的快樂，但因為湖水的鹽分太高，身體水分很快就會流失，不建議泡太久。而孩子的皮膚細嫩，一下水就有非常不舒服的感覺，所以他們選擇在岸上挖鹽，沒錯，就是挖鹽而且很開心，所以旅途中兒童挖沙鏟是我最不後悔帶的行李之一。

泡完鹽湖後，司機帶我們到城鎮中的冷泉，一整個大大的井，泉中深度約 9 公尺，當地孩子想都不想就直接往下跳，我們就在這裡利用冷泉清理掉身上的鹽，非常的舒服。

我們在錫瓦愜意的住了幾天，只是騎著腳踏車繞繞小鎮，悠閒的享受小鎮帶來的人文風情，後面也去了趟撒哈拉沙漠，風景如畫，卻少了有趣的故事，那就讓照片自己說話吧！

左上圖／住宿就附有沙漠溫泉。左下圖／錫瓦住宿的房東，是個很年輕的孩子？！
右圖／租著腳踏車逛城市就很有趣。

金字塔消失
是遲早的事

如果看金字塔在你的人生清單裡的話，我認為要去趁早！

請導遊能減少被騙的機率。

看金字塔最重要

我覺得埃及人並不珍惜金字塔，景區內充斥著各種騙子，若你真的被騙了，是沒有任何管道可以申訴，真心勸各位一定要早點去。

首先，景區外有一堆黃牛，他們會假借工作人員的名義，告訴你要查票，當你將票遞到對方手上後，那張票就成了真正的黃牛票了，所以切記，一定要在真的入口處才可以將票取出。

再來，進到景區內一樣有許多騙子，就連警察都有可能是假扮的，還有拿著假的員工證的工作人員，他們可能會告訴你，有別條通道、

別的密道比較好或人少等，可以帶你去看看，之後就會索要高額的小費。如果害怕被騙，請在地導遊是不錯的選擇，同時可以體驗騎駱駝、坐馬車，畢竟沙漠景區太大，只靠雙腳走完，需要非常久的時間。

我們進去金字塔 2 次，第一次請了導遊，他詳細的跟我們解釋，整個金字塔建造的過程，例如幾千年前尼羅河有經過金字塔區域，古埃及人利用尼羅河將建材運輸到建造地點，而我們曾在書上看到幾百幾千個奴隸在建造金字塔，這件事情也是謠傳，實際上，那些人全都是熟練的工匠和建築工人，聽完導遊說明，我很佩服古埃及的高明技術，也體現了他們對永恆和來世的信仰。

第 2 次我們自己去，2 次都開車進去，能夠有效節省時間，也可以避掉很多麻煩，而停車場主要分成 3 個，在獅身人面像、金字塔區、騎駱駝區，都有停車的地方，非常方便。

神祕的金字塔內部

我比較特別想分享金字塔的內部，在網路上看到很多攻略或分享文，都說不建議進去，因為裡面沒有任何東西，會非常辛苦和無聊，而且金字塔內部的門票費用比金字塔景區的費用貴兩倍，所以有很多導遊會直接跳過這部分，認為不要帶遊客進去受苦。

但我個人很想進去金字塔的裡面爬爬看，就覺得旅行是要去自己想去的、想玩的，才不管別人怎麼說，我就是要進去體驗看看磁場，就算裡面什麼都沒有。

排隊進去後，發現裡面光線不良，也真的非常的悶熱，不適合患有幽閉恐懼症的人進去，一路上必須用半蹲的方式往前行，孩子倒是非常

金字塔內部很窄很悶，多處無法直立站著。

輕鬆，大約 10 分鐘就可以爬到金字塔的內部，中間置放棺材處早已空蕩蕩，這就是許多人抱怨的原因，真的什麼都沒有。不過現場非常的安靜，所有人都跟我一樣，在感受磁場的不同，或者是盤坐著閉上雙眼，感受自己狀態的變化。

出來後，我久久未說話。

我先生問：「怎麼樣？感受到了什麼？」

我搖搖頭：「好熱」是的，我最終只感受到，好熱……

「沒關係，只能證明你上輩子不是埃及人。」他笑著說，然後孩子們舉高著雙手：「好玩、好玩！」對孩子來說，只要能夠爬來爬去的地方都很好玩。

我想是的，雖然我最後什麼都沒看到、感受到，但沒有後悔爬一趟，就像我說的，你沒進去過，永遠不知道會不會有其他不同的感受。

景區很大，足夠待好幾個小時甚至一天，所以也有餐廳可以邊吃飯，邊欣賞金字塔的風景，不過必須事先預約。我們沒有選擇在景區內用餐，畢竟我們住宿的地方就可以看到金字塔，就不花這個錢了。

離開景區的路上，我心裡很難受，看到金字塔周邊佈滿許多人為垃圾，感覺已經好幾年沒有人清理，讓我有一種「璀璨文明的衰弱」的感慨，明明大家都是花錢進來參觀的，可是景區卻連基本的垃圾清理都沒有人做，也放任騙子們在景區胡攪蠻纏，所以我感覺金字塔消失是早晚的事，想去的人快去呀。

人生難得在金字塔前躺成大字型。

一半紅海
一半沙漠的埃及

如果你認為埃及只有沙漠，
那就大錯特錯，埃及的紅海是我見過最藍的海了。

夜間巴士初體驗

在埃及旅行的最後，我們來到旅遊勝地「赫爾格達」，原本打算到沙姆沙伊赫，由於地點距離以巴戰爭較近，外交部網站已列為紅色警戒區，我們就更改行程。

兩地都是埃及的海邊度假勝地，赫爾格達較為觀光化，飯店與娛樂項目較為完善，只是價格上聽說相較沙姆沙伊赫非常的便宜。

我們從開羅搭乘夜間長途巴士要去赫爾格達，老實說，我們非常的緊張，因為這是我們的第一次。在上了埃及的夜間巴士以後，發現裡面居然跟火車一樣，有小推車發送飲料和食物，椅子幾乎可以完全躺平，花幾百台幣，就能搭一趟舒舒服服的夜間巴士，甚至還有電動按摩椅的服務，真是不錯。我發現越是開發中國家，夜間巴士越發達，歐洲美加等國可能因為火車鐵路發達，這種長途巴士就較少。

旅行到南美洲的時候，我們已經非常隨性了，隨性到會當天背著行李直接到車站，看哪個地點人多，就去哪裡，只要不是和歐美人士排在一起就沒問題。如果有一家巴士公司排滿了歐美背包客，真的別搭。

為什麼這麼說，因為我們驗證結果是 10 小時的車程，巴士壞 4 次——空調壞掉！窗戶卡住！廁所水滿出來！當然，這台巴士的車票是 3 折起跳，但奉勸各位，不要省這個錢，寧願正常票價，也不要沒苦硬吃。

最便宜的浮潛考證點

　　話題繞回我們很順利的抵達赫爾格達，這裡地處紅海海岸，因有豐富的珊瑚礁，還有世界一流的浮潛和水肺潛水機會，成為國際旅遊勝地。我很推薦喜歡浮潛的朋友，來埃及考浮潛證照，這應該是我旅遊到現在，看到最便宜的考證地點了。

　　我們就在海邊玩了幾天，也參加了紅海的郵輪浮潛活動，這是這裡的招牌活動，強調可以在清澈的海水中浮潛，探索紅海奇觀，還能在船上享用美食，從早到晚整天的費用，1個大人只需要650元台幣，可以浮潛2次及玩香蕉船，船上一定包吃包喝。這個行程是我在當地隨

左圖／紅海居然是我見過最藍的海。
右上圖／在赫爾格達搭船浮潛，船家還包吃到飽。
右下圖／自由行的亞洲人很少，所以常常被問能不能合照。

左圖／度假勝地赫爾格達有著許多漂亮的海灘。
右圖／每天起床就衝去玩海到日落的我們。

便找的，我發現與其提前預定，不如在海灘等人來找你，確認對方的公司後，再用手機簡單查一下評價，也不一定會踩雷。

看著埃及的簽證即將到期，我再度打開 Skyscanner，彈性日期任意地點，上面顯示抵達土耳其只需要飛行 2 小時，價格 1200 元台幣，我想是時候換個國家玩了。

埃及值得去嗎？

我是覺得埃及雖然騙子很多，但是善良純樸的人也不少。

離開前，姊姊跟我說：「媽媽，我長大也會帶我的朋友來埃及，我想讓他們看很大很大的金字塔。」而妹妹只想念埃及的美食「庫莎麗」

（Koshary），它在埃及隨處可見，是混合義大利麵與飯跟炸洋蔥蒜汁的料理。而我覺得埃及很美、很好玩，但應該不會再去了，因為每天和騙子相互鬥智很累，所以我沒有喝下尼羅河水。因為傳說，如果你喝了尼羅河水，不管距離有多遠，都會再次回到埃及。

在埃及的最後，還是需要鬥智鬥勇。

出境時，我們居然被海關攔住了，就因為沒看過「微波式爆米花」，他們不但打開爆米花，還問可以直接吃嗎？然後 1 個人、2 個人，最後聚集起來紛紛詢問：「這到底是什麼？」所有行李全部被翻查，耗時超過 1 小時，孩子們等到睡著，最後拆掉的爆米花被沒收，才放行。

我跟粉絲分享埃及的時候，大家都說：「我覺得他們只是想要小費，但你沒發現。」嗯！想想好像有可能，結論，雖然我不會再去埃及了，但很慶幸自己來過一趟，也不後悔。

我們在錫瓦入住的稻草屋，孩子很喜歡。

在開羅開車
治好路怒症

在國外自駕旅行，我真的很推薦大家去考手排車駕駛執照。

自駕划算嗎？

　　在國外遇上手排車的機會很多，租車時，手排車與自排車的價格有可能差 1 倍以上，大型車的差距更大，以露營車為例，手排跟自排價差 3 倍，甚至指定自排車還需要預定，不一定有，當然，這是純粹分享租車差價，想省錢的朋友，又忘了手排車怎麼開，可以在台灣先聯繫駕訓班，申請 1-2 小時的教練上路教學，讓自己熟悉起來再上路，較為安全。

　　很多人以為自駕遊，預算上多人平分很划算，其實不一定，這要取決於該國的油價、過路費以及停車費等，我們研究後，覺得在埃及是划算的，如果選擇大眾長途運輸工具的話，就會面臨到清晨早出、深夜晚歸的可能，對我們來說實在太累。

埃及人停車沒有極限！

　　還有一個非常大的重點，車子可以開進金字塔區域內，在開羅的吉薩金字塔區，有 6 座金字塔，點對點之間的距離並不近，我們可以將車子開到景點前，下車觀賞拍照打卡，再開車去下一個金字塔即可，這樣對我們帶小小孩的家庭來說最友好。

無奇不有的自駕體驗

埃及人能把 4 線道的公路，當成 8 線道來開，縱使在高速公路上還是可以看見行人任意穿梭，馬路上會有馬車、駱駝，以及沒有門的各種交通工具，是真的沒有門，可能因為他們公車基本不會到站就停，必須自己抓準時機跳上去，所以乾脆把門拆了，比較方便，還有塞車的時候，小販還可以從前門上去販售，再從後門下車出來，很奇妙吧！

很多時候，車道明明小到過不去，埃及人就算把後照鏡折起來也硬要過，這招強，還有行人也很偉大，因為他們從不左看右看，只喜歡徑直向前，真的太勇敢了，最神奇的是埃及車禍率居然不是世界第一，而且還沒排在前 10 名，因為，他們根本沒有報警。

在路上擦撞到人，通常都是下車，簡單付錢了事，被撞的人只要感覺沒事，就不去醫院，車子只要不影響行駛功能，基本不修，覺得報警需要付出的時間成本很高，加上本地人沒有保險的概念，所以他們認為報警是沒有意義的。

在埃及的馬路上，喇叭聲沒有停過，就像在打招呼一樣，我們也在埃及搭乘過計程車，就親耳聽到司機將喇叭按出旋律來：「叭叭！叭叭叭！叭叭叭叭！叭叭！」就像在說：「嘿！怎麼了嗎？我無聊！」接著就聽到對向來車回應著：「叭叭！叭

電車沒有門，要自己抓準時機跳上去。

叭叭！叭叭叭叭！叭叭！」兩位司機還乾脆伸手 High-Five，我們驚訝的瞪大眼睛，心想：這樣也行。總之，在埃及自駕就是「沒有規則」，因為他們真的沒有任何規則可言。這也有好處，基本上只要你不亂撞，開車很自在。

我真心覺得，在埃及自駕的體驗真的是史上最驚悚、最刺激的了，先生在埃及自駕 1 個月，就把他的路怒症改掉了，回到台灣，直呼現在開車非常快樂與和平。

在埃及我會和先生輪流駕駛，我也很享受在國外開車的感覺，尤其是沿海公路，讓我感覺很自由，但我們都是很小心的人，在機場還車時，我們特意檢查車輛，一切都沒有問題，但車行接收車的時候，卻說右邊有一條明顯刮痕。剛開始我們一直回想是在什麼地點、什麼時間刮的呢？直到工作人員告訴我們：「你們現在可以給我 800 元，我就不上報這件事。」這時我們懂了，估計是卸行李時，他趁機劃的刮痕，那痕跡很新，新到沒有塵土。

我和先生對看一眼說「你上報吧。」由於我們有替車子保全險，所以並沒有讓他的計畫得逞，也在此結束埃及的騙子之旅。

 自駕意外要鎮定

每次租車都要先檢查後備箱所有物件，記得有次在路上感覺輪胎出問題，剛好這台車配有打氣機，不慌張的拿出來先試著補氣，同時利用離線地圖搜尋附近的修車行，好在距離不遠的 20 公里處，就有一家，我們靠著打氣的方法慢慢前進，最後讓老闆維修，將輪胎的洞補好，才再度出發。

土耳其
Türkiye

帶你去
浪漫的土耳其

如果要我推薦一個對長輩、孩子、閨蜜或情侶都合適的旅遊景點，
我想我會說「土耳其」。

發現一個我很愛的國家

　　土耳其距離埃及很近，所以我們來了。凌晨 4 點，抵達土耳其安塔莉亞機場，並未在網上做太多的功課，一路上看見的景色，對我而言都是驚喜。

左圖／卡什小鎮街道很有歐洲風情。
右圖／很土耳其風的街道風格。

E-visa 免費

台灣人到土耳其簽證免費，只需持台灣護照至土耳其官方電子簽證申請系統 (https://www.evisa.gov.tr/zh) 申請 E-Visa，當我按下傳送鍵的當下，幾乎是秒收通過的訊息。

我們開車行駛在土耳其很有名的 D400 公路上，與美國西海岸 1 號公路一樣是世界 10 大沿海公路之一，大部分的人會從安塔莉亞行駛到伊茲密爾，途中會經過許多海灘，路邊指標都會寫上能否游泳，淺顯易懂。

我們這次選擇「卡什」小鎮休息，大概是像鹿港小鎮般的觀光區，不同的是風景和歐洲很相似，有「小希臘」之稱，有餐廳和在地超市，其餘就沒有了，真的非常的小。我們住的地方空間有 1 房 1 廳，1 天只要 700 多元台幣，在這裡可以每天面對地中海，眺望日落，有時候我會早起慢跑，再簡單的去早市買早餐回來一起吃，我們一家會沿著海岸路下山買菜，利用房東的廚房做飯，認真感受平凡又簡單的家庭生活，由於真的太喜歡了，我們整整住了 2 週。

可以任意選一個海邊待到黃昏時分。

上圖／從來沒想過土耳其的免費公園這麼厲害，兒童設施很多。
下圖／在公園裡可以和在地孩子交流互動。

兒童友善城市

2週後，我們駕著車抵達「費特希耶」，令人驚訝的發現這裡對兒童很友善，旅途上經過很多休息站，發現公廁清潔度高，大多設有兒童小馬桶，公園的設施很多也很乾淨，這對親子旅遊的家庭來說非常友好，我很推薦想帶孩子出國的父母來土耳其，還有我發現一樣是伊斯蘭教的國家，但土耳其的女性不需要戴頭巾，男女工作的比例相對平均，很難想像距離這麼近的兩個國家，有相同的信仰，卻有如此大的差別。

我們會沿著費特希耶的海岸，騎著共享滑板車，等待日落，還有許多人會玩飛行傘，沒錯！抬頭就可以看到許多飛行傘，時不時就有人降落在沙灘上，或是坐海盜船出海，在海灘上就可以看見幾艘大船，現場報名也可以，在此之前我從沒想過土耳其是這麼棒的地方，那裡的海清澈透明，陽光的折射灑在海浪上，讓整片海就像果凍一般。

世界有名的熱氣球

　　當然，最有名的莫過於土耳其中部的卡帕多奇亞，就是眾所皆知搭熱氣球的地方，以其獨特的地形和自然景觀而聞名，由火山岩風化和侵蝕所形成的高聳的石柱，也被稱為「精靈煙囪」，這些石柱有些被雕刻成了洞穴商店、教堂等，也讓「洞穴酒店」成為當地最獨特的住宿體驗。

　　卡帕多奇亞還有許多大型地下城，都是在數千年前被開鑿於火山岩中，作為當時居民的避難所，也因為擁有山谷、洞穴、石柱如此壯麗景觀，從空中俯瞰這片壯麗的地貌，是最能夠完整的看到地形的最佳方式。

一年四季都有熱氣球，主要看風速來決定飛不飛。

500 元
10 顆水餃你吃嗎？

如果可以的話，旅行前最好學會一個技能，那就是用瓦斯爐煮飯。

圖文不符的棉花堡

上圖／這就是冬天的棉花堡。
下圖／我很喜歡的克利奧帕特拉溫泉。

　　我們到了傳說中的棉花堡，11 月底溫度已來到 0℃。現場看到的景色，跟網上的圖片相比，只能說毫不相關，那一層層的白色階梯，每層都有著淺藍的溫泉水，到底在哪裡？可能是冬天的緣故，大多的水已乾枯，只有少許溫泉水，我們凍得根本走不動。

　　比起棉花堡，我更喜歡景區內的克利奧帕特拉溫泉，溫泉池中有許多古老的石柱、雕刻和其他建築遺跡，在公元 7 世紀的一次大地震中，許多建築物倒塌沉入了溫泉池中，經過修復，現在遊客已經可以在古老的溫泉池中泡澡，感受千年歷史的氛圍。

吃飯能解決情緒問題

對我來說，沒有什麼事是吃飯不能解決的，如果不能，就兩頓，所以我熱愛在全世界逛超市，然後大膽假設「土耳其人愛好酸」，因為光是優格就有一面牆耶！

在棉花堡時，有次經過一家中餐廳，妹妹突然喊句：「水餃！」當時已經離開台灣 2 個多月了，可是兩歲半的她居然認得？

許久沒有吃到中餐的我們，看一眼門口的菜單，不妙，水餃價格居然要 500 元台幣、蔥蛋 200 元、1 碗米飯要 50 元，可能這裡是偏遠的觀光小城市，中餐很稀有，正想說：「我覺得……」就看見妹妹不說話，她不吵也不鬧，但臉頰上一行淚，兩行淚，我心想，這是想怎樣！

爸爸不忍心地說道：「很久沒吃水餃了，那就吃吧。」

走進中餐館，熟悉的氣味撲鼻而來，就是那種爆香蔥蒜的味道，最後我們點了非常家常的幾道菜，再加 2 杯珍珠奶茶，2000 元台幣就這樣飛走了，在台灣，我連八方雲集都嫌貴，想不到，人生中我居然會掏 500 元吃 10 顆水餃，不過能換來孩子滿足的笑容，也值得，後來，我先生就學會自己桿皮做水餃了。

你也可以和我們一樣學習用瓦斯爐煮飯，電鍋就可以拿來煮湯、蒸蛋，旅行到後期，我跟先生都可以靠經驗煮出一鍋 Q 彈的白米飯，沒有廚房的話，一台電鍋也能搞定。

在某些小城鎮吃中餐非常昂貴。

被困在容納
2萬多人的地下城裡

「這些緊急電話：沒有 SIM 卡也可以撥。」這句話很重要，
只要你在訊號的涵蓋範圍內。各國的求救電話大多是 119、
110、911、112、999。

意外總是不可避免

　　說到旅行中的意外，我想我們做的準備還是比較完善的，我們會在抵達下一個國家前，查好該國的大使館電話或緊急求救電話，也複製一份給家人。

　　每到一個新環境，我們時刻謹慎，盡量地摸索每個角落，以及逃生路線。會有人問：「這跟你們語言不好有關係嗎？」我想是有的，因為像我們不往大景點走的旅遊方式，很容易遇到完全不會英文的在地人，加上我們為了便宜的價格，會選較為偏僻的地方，但不懂當地語言沒關係，手機下載 Google 翻譯，一個按鍵即可透過語音翻譯，還不用任何費用，必要時提前下載好當地語言，沒有網路也可以使用，當然比手畫腳也很好玩，增加旅遊趣味性。

許多洞穴建築被改造成商店。

從沒想過拍完照後，居然被困在這個地下洞穴裡。

　　我們不斷在內心重複演練，預想意外發生時，可以冷靜面對，只是，這次意外有點大，我們居然被關在卡帕多奇亞的代林庫尤地下城裡。

　　這是世界上最大的地下城，已有數千年的歷史，尤其在外敵侵略或戰爭時期做為避難所，歷史上，基督教徒在羅馬帝國時期曾經受到迫害，利用這錯綜複雜的隧道系統，加上隱蔽位置讓住在裡面的人，成功躲避地面上的戰爭。

　　地下城非常龐大，總共有地下 20 層，最大深度可達 60 公尺，可容納約 2 萬人，內部有住宅區、儲藏室、廚房、酒窖、教堂、廁所和通風系統等設施，而我們就在這龐大的地下城內，被困住了。

先生畫的地下城剖面圖有學校、教堂，有居住區也有墳墓。

　　在一些下雪的國家，會因為冬季較冷提早打烊，但是 Google Maps 不一定會同步更新，我們就是因為如此，錯過了離場時間，但他們的工作人員沒有因提早關閉，做提醒的吶喊與巡邏，就很突然的關閉了所有電源。

　　整個區域是沒有訊號的，無法與外界聯繫，我們 4 個人手牽著手，非常害怕，靠著手機的手電筒，有微弱光線才看到路，在抵達出口前，腦海裡早就不知道腦補多少，尤其害怕出現魔戒裡的小生物，好不容易找到出口，卻是關著的，我們先蹲下來安撫孩子，並讓他們抱在一起。

　　然後，先生說：「我可以利用瑞士刀把這個門強制打開」，門的上半部是網狀的，這個方法應該可行，但我說：「先等一下，也許可以喊到人來幫我們，如果強制破壞，我們等一下還得去報警。」

最後，我們在黑暗中等了大約 30 分鐘，終於在遠方有個路人聽見我們的呼喊，並找人來幫助我們，結束這場鬧劇。

事後想想雖然很生氣，但除了土耳其，還有許多國家也會發生這樣的事，可能是台灣的服務太好了，我們很難會想到有這樣的情況發生，這樣的疏失在台灣，應該上新聞了吧！

旅途中有驚訝也有驚喜

當晚，我們就在卡帕多奇亞，遇見了人生第一場初雪，全家興奮的尖叫，我想過很多次遇到初雪的畫面，以為會在韓國、日本、瑞士或是加拿大，就是沒想到會在土耳其，多麼意想不到的地方。

一覺醒來，卡帕多奇亞就被雪白覆蓋，也因為受到火山活動的影響，在 2500 萬年以前，火山噴發帶來大量的火山灰和熔岩，經過長期的風化與侵蝕形成了現在獨特的地理形狀，因此該地區盛行洞穴酒店，當然，地下城也是因為這樣的獨特地形才建造出來的，我認為這樣的地理景觀，加上氣候條件，讓熱氣球成為土耳其的觀光代表，這是其他國家取代不了的。

一覺醒來卡帕多奇亞覆上一層白雪。

愛貓的人
千萬別來土耳其

愛貓的人走在土耳其的街道，實在是太浪費時間了！

這個階梯，愛貓人士可能走2小時也走不完。

一孩一根貓條餵起來

在土耳其的伊斯坦堡，你大概會在 5 分鐘內遇到 10 幾隻貓，如果你很喜歡貓咪，就會不斷地停下腳步，擼牠！

從繁華的街頭到寧靜的巷弄，任何時間、任何地點，你都可以看見貓咪，一整天下來你會發現，手機裡沒有拍到什麼景點，全部都是貓，爸爸會跟孩子拿紙箱一起在公園做貓咪的家，孩子每天最期待的就是去大街上餵貓，這已經形成我們在伊斯坦堡的日常。

我們發現土耳其人與貓咪的尊重，已經形成一種日常的型態，家家戶戶會因為冬天溫度驟降，開放自己的店面或客廳空間提供浪浪當作庇護所，所以土耳其的伊斯坦堡，同時也稱為「貓的天堂」。

說起土耳其那麼多貓的來源，要追溯到拜佔庭和鄂圖曼帝國時期，因貿易中心和港口城市經常有鼠患的威脅，貓是天然的捕鼠器，可以有效控制老鼠的數量，另一方面在伊斯蘭教的文化中，貓被認為是乾淨的

動物，因此，貓在土耳其人民的生活中扮演了重要角色，對貓的尊重和照顧，已經成為文化的一部分。

除了有歷史影響社會對貓的態度，實際走訪土耳其，從住宿、餐廳觀察發現，這也是一個「寵物友善」的國家，若是不小心被貓狗抓傷、咬傷，土耳其政府會提供遊客免費施打狂犬病疫苗，而大部分的浪浪們都已接受疫苗的施打，只要見到牠們的耳朵少一角，或有號碼標記，都是打過疫苗的證明，還有大多數城市對於流浪動物並沒有嚴格的捕殺政策，反而強調提供照顧和安置，這更使得貓能夠自由繁殖並生活在這裡。

脫光光的土耳其浴

在土耳其待了 1 個月，我們當然也洗了土耳其浴，還連續好幾天！

其實這就像是很多國家都可以找到在地小店，如果用中文在網路上搜，大部分價格都貴，評價不一，那當然在地的店就得問在地人，不一定會有 Google Maps 定位，但是便宜是唯一優點。

土耳其浴是來自古羅馬的蒸氣浴文化，是從羅馬公共浴室演變而來，在鄂圖曼帝國時期，公共浴室不單單是洗澡的地方，還是社會交流、放鬆和宗教儀式的一部分。

一開始我看到介紹的時候，腦海裡就想著，脫光光交流？嗯……

土耳其浴裡面的大平台！

總而言之，就是一個男女分開的大眾浴池，會先從桑拿開始，就是我們熟悉的泳池烤箱，接著進入蒸汽房，再到主要的浴池，躺在大平台上，享受著搓澡和泡泡浴的按摩，偶爾，你會跟旁邊的人左右對視，然後剛好雙腳開開，反正跟韓國汗蒸幕一樣，你會被當成一隻魚乾，在那邊反覆地被刷刷刷，看著身上那些「仙」被搓下來，就是舒服。

住在安塔莉亞的那幾天，我每天都帶著大女兒去，含泡泡浴一位大人只需要約 320 元台幣，孩子則是 150 元，可以帶著自己的保養品、面膜、沐浴用品一起進去。每個人提供 1 間更衣室，或是雙人房的更衣室，為什麼更衣室有分 1 人 2 人呢？因為更衣室內有躺椅，可以在裡面休息，很多人會在那邊待上大半天，看著那些學生穿著浴袍、敷著面膜，喝著土耳其茶聊天，好愜意！

而浴池裡的人即使坦誠相見，也把這裡當成社交場所，坐姿非常隨意，這也顛覆我對伊斯蘭教的想像。

還好，作為一個生了 2 個孩子的媽，對於坦誠相見這件事情非常不害臊，我在裡面非常自然的閒晃走動，相反的 5 歲姊姊有點害羞，她說：「媽媽，妳在台灣不是教我，隱私部位不可以給別人看嗎？」她雙手包緊身體，跟緊我的腳步喊：「媽媽！隱私呢！」

孩子，出門在外，很多思維我們必須要Update 了！

我們花了台幣500元在土耳其拍全家福。

穆斯林真的可以娶 4 個老婆嗎？

「你們能夠娶 4 個老婆嗎？」我問，「哦不，這在土耳其是違法的。」

土耳其是一夫一妻制

　　我想這絕對是最多人最想問的問題，我們最後跟住在伊斯坦堡的房東實在太熟了，才敢開口問。

　　一直以來，我們都以為穆斯林可以娶 4 個老婆，可是實際上在土耳其法律上，是違法的，是被禁止的，我簡直不敢相信我的耳朵聽到的。

　　房東說：「我知道在其他國家，有部分的穆斯林可以娶 4 個老婆，但是，古蘭經裡面寫到，這是要公平的。」他撫摸著他的貓繼續說：「意思是，如果我給大老婆 1 棟房子、1 組金飾、2 匹駱駝或馬。那我就必須也給我 2 老婆、3 老婆、4 老婆一樣的東西。」而大部分會要求給予的房子必須要在娘家附近，這還牽扯到了各地房價，問題變得更複雜。

　　總而言之，得到的結論就是在土耳其重複娶妻，是違法的！

　　後續我們得知，在 1926 年為了使土耳其社會現代化，並與西方國家的法律體系接軌，土耳其正式確立了一夫一妻制。

房東教我們如何熬煮土耳其紅茶，和土式番茄炒蛋。

房東還說：「雖然是一夫一妻制，但土耳其離婚率還是很高的，大部分是因為婚姻的背叛。」我笑著說：「台灣離婚率也挺高的！但大部分是因為婆婆。」媽～我開玩笑的，求放過。

土耳其茶只能喝熱的

跟土耳其房東 Ercan 特別有話聊，他還告訴我們，在土耳其只要付錢就不用當兵，以房東那時候的匯率換算大約是 16 萬台幣左右，我尖叫的說：「沒想到你還是個富二代！」

Ercan 再說，土耳其人每人每年大約消耗 3.16 公斤茶葉，每天都要喝 2-3 杯土耳其茶，是世界第一。煮茶的時候，我說「台灣人也喝紅茶，但我們喝冰紅茶。」看得出來 Ercan 倒抽一口氣，我笑笑說：「等等我也可以放冰塊嗎？」「不，你永遠不行這麼做！」Ercan 說。

這樣的土耳其茶，在地人一天至少要喝3杯！

「而且我們一次喝 1000cc.。」我先生在旁邊補充道，這次 Ercan 倒抽了好幾口氣問：「1000cc. 紅茶？」我先生邊笑邊說：「是的，我現在只能喝 1000cc.，但年輕時可以早上 1 杯晚上 1 杯，總共 2000cc.。」這是有點誇張，但不得不說台灣人真的很依賴手搖飲，當下突然好想喝爆台灣的大冰紅喔！

英文不好的人聊一整晚

住久了，我們與房東都很熟。

先生上樓看了孩子一眼，說：「她們已經熟睡。」接著 Ercan 從冰箱裡拿點啤酒，我們就直接打開話匣子！

我說：「台灣最厲害的是便利商店，店員都有三頭六臂。」我利用手機找出台灣便利商店內的飲料照片，「首先飲料有上百種，不像這裡只有可樂和啤酒，提供現煮咖啡、影印列印與掃描只是基本的服務，還可以寄東西、領包裹、領錢匯款、交水電費稅費等，還提供廁所及飲食區，現在還有很多便利商店擁有自助洗衣、沖洗相片的服務，重點是 24 小時不打烊，平均每 100 公尺就有一家，當初 Covid19 的時候，甚至可以預購快篩試劑和口罩。」

然後，台灣便利商店的厲害，激起了房東 Ercan 想去台灣體驗便利商店的興趣。「那麼，在裡面工作的人是不是擁有很高的薪水？」Ercan 問，先生說：「沒有。」因為他曾在全家工作過，「雖然員工什麼都要會，但我們沒有很高的薪水。」

當晚我們聊了很多，不懂的就人手一台手機，透過 App 語音翻譯，也許有人會問「英文不好真的沒有造成阻礙嗎？」我想還是有的，例如這種深度聊天的時候，但慶幸的是，房東說他英文也不好，我們大笑後擊掌，沒事沒事！大家都不好！

「世界很大，不是所有地方英文都會通。」所以，我想語言不好，不能成為阻止你出發的理由。

匈牙利 ★ 捷克
奧地利 ★ 德國

Hungary · Czech Republic ·
Austria · Germany

聖誕樹吃掉了
歐洲每一個廣場

我在 Skyscanner 裡搜尋「任意地點」，發現從伊斯坦堡抵達匈牙利一人機票只要台幣 1400 元，當下就訂了 1 週後的機票。

原本打算要從伊斯坦堡陸路玩到希臘，研究後發現冬天車班停駛，也發現希臘是需要跳島玩的，但在冬天並不友好。是的，我對任何國家可以說是沒有做任何功課，自從以巴事件後，我們幾乎是抱著隨意，「縱使沒有繞完地球一圈也算了」的心態在走行程。

非常信任我的先生在沒有任何懷疑的情況，就跟我上了飛機。抵達匈牙利布達佩斯時，氣溫零下 5℃，在此之前他都不知道，直到他在機場 ATM 領錢，才發現幣值「福林」為單位，才驚覺這裡是「匈牙利」。

除了聖誕樹就是滑冰場

來到歐洲，我最期待的就是「聖誕市集」，沒想到這卻是我惡夢的開始。

我必須承認這裡的聖誕氛圍是真的好，到處都有聖誕樹，每個廣場都有，整個城市聖誕氛圍都要滿溢出來了。首先他們一定會做居家佈置，不只有聖誕樹，樓梯扶手、窗戶、大門等能做的裝飾絕對都很美，讓我覺得浮誇的是很多人會把自己的穿著配件與聖誕主題搭配，甚至小聖誕樹插在嬰兒推車上，還掛著小燈泡，讓我發誓回台灣過聖誕節時，我也要這麼做，結果回國後發現孩子太大了，坐不了推車……

這一年最美的聖誕市集在捷克布拉格。

聖誕市集裡賣著滿街滿巷的聖誕裝飾品，人潮也是滿滿的，這讓我很吃驚，因為在台灣不會以聖誕裝飾為主題來販賣，大多是手工藝品和美食，而這裡的每一攤都賣著聖誕裝飾，還有果乾製作的香片可以裝飾在聖誕樹上，超級美，很適合當伴手禮帶回國。除此之外還有很多烤乳豬、披薩、熱紅酒，人們在這裡會放下手機，選擇愜意的吃飯聊天、大笑，這跟台灣的年貨大街感覺很相似，真的太熱鬧了。

整個歐洲的聖誕節除了被聖誕樹吃掉的廣場以外，還有很多現場搭起來的滑冰區域。如果你有溜冰鞋，就可以免費入場，如果沒有則需要租借溜冰鞋，價格也不會太貴，好在姊姊的學校直排輪是必修課程，溜冰對她來說不難，所以在歐洲我們也很常去滑冰場玩耍。

最古老的聖誕市集

許多聖誕節裝飾會一直持續到 1 月 8 日左右，任何的廣場、城堡、大街都有聖誕市集，你會發現所有的廣場都被聖誕樹吃掉了，雖然很美。

在歐洲的這 2 個月裡，我們就去了 7、8 個聖誕市集，最值得推薦的是

德國的「德累斯頓聖誕市集」。

從捷克的布拉格開車過去約 2 個多小時，因為是申根國，不需要任何證件就可以輕易地穿梭，我們還上了全球只有德國才有的無限速高速公路，這條公路時速 180 只是基本速度，目測都是超過 200 起跳，為什麼知道？因為我們已經時速 180 還瘋狂被超越啊！有時剛在後照鏡看見燈而已，對方就已經超車了，好像有點危險，但這對先生而言是很新鮮，也很刺激的體驗，有種興奮感。

說回「德累斯頓聖誕市集」它有近 600 年的歷史，我們去的那年是第 589 屆，這是德國最古老的聖誕市集，從聖誕樹開始處處都可見到精心佈置的小細節，每個攤位都有造型，有的會轉、有的會跳、有的會唱歌，還有最誇張的是有火車環繞。

當然，最讓人喜歡的還是氛圍，無論是情侶還是家庭都讓人感到幸福洋溢，在排隊買熱紅酒時，回頭看著先生和孩子的互動，我想幸福就是這樣吧！旅行中印象最深刻的從來不是打卡景點，而是那一些瞬間。

我們做了一個很浪漫的約定，希望第 600 屆的時候，全家可以一起回到這裡。

德國德累斯頓是最古老的聖誕市集，已有589屆的歷史。

左圖／聖誕市集上很常見到旋轉木馬。
右圖／市集賣了許多聖誕裝飾，顯現了歐洲人對聖誕節的重視。

左圖／聖誕市集人手一杯熱紅酒。
右圖／果乾也能製作成漂亮香片，很適合當伴手禮。

蔡依林妳騙我！
布拉格沒有許願池

我急著奔波，為的是什麼？我為的就是快點看到我的布拉格！

廣場又被聖誕樹吃了

自從我知道行程會抵達捷克後，我的腦海裡不知道唱了多少遍「布拉格的廣場，無人的走廊，我一個人，跳著舞旋轉……」唱到我的孩子都能接詞繼續：「不遠地方，你遠遠吟唱，沒有我，你真的不習慣。」

所以，我們一抵達捷克，立刻在火車站裡面找到置物櫃，直接把行李放進去，就開始探索這個城市了！

我們穿越了大街小巷，終於抵達了「布拉格老城廣場」，可是，沒有許願池就算了，那廣場在哪裡呢？是的，又被聖誕樹給吃掉了！

我也是最後才知道，這裡沒有像蔡依林歌曲裡的詞寫的那樣悲傷，反而是明媚、熱烈的城市，可想而知這麼美又大的廣場，我是沒機會拍到了，我們只能跟聖誕樹來張合影，不過這次的聖誕樹是 2023 年捷克票選第 1 名的聖誕樹，真的美到吸睛，也算不枉來一趟了。

布拉格廣場的鐘塔景點的冰箱磁鐵。

在捷克採蘑菇

在捷克有個特別的採蘑菇活動，原本滿心期待想報名，結果發現錯過了，採蘑菇的季節大約在 8 月初到 10 月，當地人說參與這樣的 Tour，就是會給你一個野餐籃，有專業導遊解說，教會你分辨所有蘑菇品種，然後大家一起快樂採蘑菇。

選擇住宿我也會挑有養寵物的房東，因為姊姊很喜歡寵物。

我們在捷克住豪宅

在捷克我們住在郊區的一棟豪宅，搭公車約 40 分鐘能夠抵達市區的距離，1 晚約 1300 元台幣。

女主人知道我們帶著孩子，事先貼心地詢問孩子幾歲？需要準備什麼？然而，我們一打開房間門，就看到小女兒最愛的 Elsa 的床組，也準備了玩具，她說：「這些都是我女兒的玩具，給你們玩。」

男主人 Milan 向我們介紹他們家的環境，除了基本的客廳、廚房外，還有健身房、桑拿房，可以任意使用，「如果你不介意，也有戶外淋浴間，不會有人看見，在戶外做完運動

走在冬天的捷克街道，有種蕭瑟的美。

時可以使用。」我搖搖頭笑著說：「我絕對不會去戶外的，相信我。」因為那時候是零下5℃，途中經過他們的倉庫，裡面有各種雪撬、滑雪板、冰刀鞋、腳踏車等戶外運動設備，還有各種露營設備，簡直就是「我的夢想生活」。

房東男主人Milan，和他的妻子及2個孩子，外加1狗1貓都住在一起，白天夫妻倆上班、孩子上課，貓狗就與我們待在一起同樂，如果沒有出門，有時我們也會在健身房待很久，肚子餓了就簡單料理餐食，真的很舒服，也是我嚮往的旅居生活。

歐洲很美，走在街道上散步就很棒，還有圖書館、博物館的內裝都很有藝術感，隨手拍都好看，但因為在歐洲伙食費不便宜，我們養成了自己帶午餐、晚餐出門的習慣，做點飯糰或是三明治等簡單料理，用保鮮盒裝好帶著走，省錢又方便，這些都是和房東一起住的好處。

左圖／捷克圖書館內的藝術創作造景。
右圖／很多圖書館都有免費的活動。

孩子頭破血流
醫院還不收！

沒想到人生第一次體驗滑雪橇，就樂極生悲，
意外總發生在措手不及的時候！

音樂之都維也納

　　搭火車南下去奧地利維也納的途中，窗景出現了阿爾卑斯山的美景，對我們而言那是書中曾出現的地方，現在真實呈現在眼前，好不真實也很震撼。

　　抵達曾經是我一直夢寐以求的城市——維也納，因為是音樂家莫札特、舒伯特的出生地，而貝多芬也有 35 年住在維也納，他說那裡是音樂人必去的地方。所以維也納也有世界音樂之都的美譽，「金色大廳」更是世界著名的音樂廳之一，雖然這次沒有辦法帶著孩子進去聽音樂會，但我們去了孩童音樂博物館，讓孩子從中知道音樂家的故事，在互動中認識樂器，也是很有趣的一件事。

　　我們也很喜歡參觀每一個國家的公立圖書館，有時候會有免費的兒童手作活動，跟著做是意外的收獲。然而，最常做的是在多瑙河畔，欣賞城市美景，放眼望去就連他們的建築，都很古典優雅，看來維也納有「歐洲建築博物館」的稱號，當之無愧。

維也納藝術史博物館。

又是意外！

　　奧地利同時也是著名的滑雪勝地，我們選擇離維也納最近的 Semmering 滑雪場玩雪橇，這裡有奧地利最長的雪道，總共有 3 公里長，有分滑雪和雪橇 2 種玩法，使用區域是分開的，這樣可以將初學者和高手們分開，大家都可以乘纜車上去，最後抵達一樣的終點處。

　　我們在滑雪場待了一個下午，沒想到人生還沒有滑雪的經驗，卻先體驗了滑雪橇，非常的刺激，3 公里真的很長，左右兩邊都是大樹，偶爾有些雪緩緩的飄下，我們重複玩了好幾次，餓了就吃自己準備好的三明治，加上現場販賣機裡的熱可可，玩累了，就讓孩子在安全的地方堆雪人，休息夠了再繼續。

　　就在我們要結束這次愉快的玩雪橇體驗時，沒想到就在下樓梯之際，妹妹一個沒站穩，跌了下去，因為出發前，我們都上過救命術的緣故，當掀開帽子，看見鮮血緩緩流出的當下，我們都異常冷靜，先生先用我們身上帶的少許紗布壓住傷口止血，而我立刻請園區叫救護車，但他們說：「現在正在下雪，救護車上來的速度不快，如果要等救護車怕太慢。」因為我們有車，建議我們自行開車下山，園區覺得這樣對我們而言是最好的方式。

　　我們馬上回到車上，換我壓住傷口止

滑雪和雪橇都有自己的專屬路線！

血，當下姊姊表現得異常成熟，盡量的幫忙與協助我們，在車上我一邊跟妹妹說話，一邊看傷口有沒有止住血，也檢查她的雙眼瞳孔有沒有放大，或是陷入昏厥狀態，慶幸的是，她一直是清醒的，還可以說出自己的名字與年齡。

我們到了最近的一間醫院，一開始完全沒有人，醫院空得讓人懷疑有在治病救人嗎？跟台灣大排長龍的景象完全不同。

直到我們走到裡面，找到護理人員後，才簡單掛號。我們全程利用手機 App 翻譯，聽懂醫生說明處理這樣的傷口有兩個方式，一是縫針、二是使用組織黏著劑，醫生建議在孩童急性傷口處理上，採用黏著劑會比

上圖／在滑雪場樓梯跌倒得到一顆小貓頭。
下圖／姊姊染上猩紅熱，會發燒和全身脫皮。

較好顧，只是可能會留疤，我們同意了，想著傷口在頭頂，未來頭髮遮住也就算了。

在處理傷口的時候，醫生與護理師都很有耐心，還送給孩子 1 人 1 隻醫生兔玩偶，很快的他們就把傷口處理好了，而姊姊在歐洲也被傳染了猩紅熱，症狀會發燒，幾天後全身脫皮，手跟腳都因脫皮脆弱而泛血，最後是連吃了幾天抗生素才好起來，這裡只是想跟各位分享，在國外遇到事情不要怕麻煩，面對就好。

每個國家的麥當勞
都是必去景點

在台灣不喜歡吃麥當勞的我，偶爾也會想去麥當勞。

麥當勞是我們最好的朋友

　　人在異地可能有許多食物吃不慣，看著麥當勞至少有親切感，感覺有家鄉的味道，離開醫院，看著妹妹恢復活力，我們就在附近找了一家麥當勞，當作我們的晚餐。

　　足跡遍佈 5 大洲，我必須說麥當勞並非全球統一，真的很喜歡每到一個國家就找麥當勞，除了能以「大麥克」價格了解當地消費水準以外，還可以找到當地限定的特色餐點，例如在馬來西亞有販賣飯食，部分歐洲國家有雞柳條，菲律賓有超大薯條，還有些國家有手捲；甚至每個國家的醬料都有不同，例如土耳其有優格醬，但沒有糖醋醬，克羅埃西亞有辣咖哩醬，韓國有加入黃芥末與韓式辣醬的肯瓊醬，甚至有蒜香酸辣醬及醬油，還有美乃滋、奶油醬、蔥醬、BBQ 等，全球口味五花八門，只能說處處是驚喜！

歐洲的麥當勞連外觀都好優雅古典。

飲料無限暢飲

在歐美大部分像麥當勞和肯德基的速食店，飲料是無限暢飲，可是杯子有大小之分！我好奇的問過他們，「既然都無限暢飲了，為什麼購買時必須選擇飲料杯的尺寸。」店員回：「問得好，這取決於可以帶多少的可樂離開。」我懂了，原來杯子不只是現場可以無限暢飲，還能外帶一杯離開呀！不過，不要以為這樣台灣就很差，並沒有，南美洲的麥當勞飲料最大杯的尺寸，就只有台灣早餐店的奶茶杯大小，完全不夠喝。

到麥當勞上廁所也是我們會做的事，在歐洲去公廁需要 1-2 歐元，所以到麥當勞點個聖代或小薯，就可以拿到收據，有收據上的密碼就可以使用它們的廁所，對一家四口而言可是狠狠地省下 8 歐呢！

台灣的麥當勞早在 2014 年，因衛福部禁止速食業使用玩具促銷「12歲以下兒童食用高油、高鹽、高糖」等食品，就沒有快樂兒童玩具餐了，也因部分原因取消兒童遊樂區，但國外的麥當勞還是有吃兒童餐可以拿玩具的樂趣，所以答應我，出國一定要去麥當勞，體驗一次拿兒童餐的快樂、玩遊戲區的瘋狂。

上圖／加拿大的麥當勞都有楓葉圖案喔！
下圖／好久不見的快樂兒童餐玩具。

克羅埃西亞 ★ 斯洛維尼亞

Croatia · Slovenia

用藏寶圖
找 Airbnb 大門鑰匙

沒想到，我的人生就這樣來到了，
我覺得一輩子必須要來一次的克羅埃西亞！

我們是第一組房客

前面提到妹妹受傷後，我們就計畫要去一個地方停留久一點，一方面聖誕節與跨年要到了，提早移動可以避開這個假期高峰時段，最後我們選擇從維也納搭乘巴士約 5 小時就可以到達的克羅埃西亞的首都「薩格勒布」。

黃昏時刻，我們就抵達了薩格勒布！為了入住方便，房東就會利用一些有密碼的盒子將真正的鑰匙鎖在不起眼的角落，再給我們一些圖片，讓我們玩看圖找鑰匙的遊戲，就像藏寶圖一樣，所以要入住就必須先找到鑰匙，要知道剛結束疲憊的長途車程，背著行李的我們只想快點入住休息，此刻竟然還要先玩你藏我找的遊戲，如果真的找很久沒著落，真的蠻讓人絕望的。

受傷的孩子在帳篷中開心到忘記了痛。

好在這個房東捉迷藏等級很入門，只是事先藏在隱密的角落，就是門口的變電箱裡，我們很容易就找到了鑰匙，還幫忙把鎖收好，方便他下次使用。

　　房東說：「我們是第一組房客。」而且一住就 1 個多月，所以給我們非常優惠的價格，加上在 Airbnb 首次預定的折扣，1 房 1 廳，1 張雙人床 1 張沙發床，一晚的房價只要 1200 元台幣，房間非常的新，真的非常幸運。

　　由於我們是第一組房客，他怕自己做得不夠周到，當得知我們抵達入住後，馬上詢問有沒有什麼需要補充的物品，我們說一切都非常好，只是妹妹有傷口需要照顧，想知道附近哪裡有診所和藥局，接著房東很

左圖／喜歡在這裡平凡的生活，煮了最愛的火鍋。
右圖／在這裡住的時間很久，爸爸都晉級到可以做水煎包了！

熱情地告訴我們必要的資訊，還有景點分享。

房東還問：「你們的孩子會不會喜歡帳篷。」我說：「非常喜歡。」沒想到大約 1 小時後，房東本人來敲門，他說：「嘿！你們好，我是房東，我就住在附近，這是給孩子們的禮物，帳篷和一隻熊玩偶。」孩子們看到都興奮的尖叫，然後房東看著孩子的爸說：「你能組嗎？」「能，當然能！」雙方擊掌後，彷彿兩人友誼已成立。

接著，就在行李都還沒整理好的情況下，爸爸就開始組起孩子的帳篷了。

不是所有房東都合得來

可能會有人覺得「你們蠻幸運的，都遇到好房東」，其實我們也有遇到讓人很不舒服的房東，例如在智利的聖地牙哥，他們在房源的條件說明下開放了親子條件，表示任何年齡都可以入住，其實不管是 Booking.com 還是 Airbnb，都會有基本的入住年齡說明，這點請一定要看清楚，我一定會選擇有開放適合孩子入住的房源。

然而，當我們一看到那對房東夫妻的時候，心裡就覺得不妙，這是我們身為父母的直覺，「他們應該不是很喜歡孩子。」果然，當孩子盯著一個東西看，還沒做出任何動作時，男主人就出聲制止：「那個不能碰喔。」還有當孩子吃餅乾時，男主人就在旁邊掃地，我們從廁所出來，男主人也會馬上進去檢查，他有明顯的潔癖，所以，不是所有的房東都會跟自己合得來，偶爾也會住到這種讓人很有壓力的地方，我們的做法是，會比預定的計畫提早離開，轉移陣地換換心情。

克羅埃西亞
有一個失戀博物館

旅行時，我們常去博物館，
而博物館又分可以互動的，還有適合大人細品的兩種。

大人的博物館

　　旅行中我們會盡力平均分配大人與孩子要去的地方，例如早上陪他們去公園，下午就換陪我們去大人想去的地方。

　　我們很喜歡參觀世界各地的博物館，如果性質可以全家一起互動的博物館，我就會分類在孩子玩樂的範圍，因為孩子也能感受到有趣好玩，就值得。大人就再安排其他景點，也可回家，這就是我們家的旅遊規則。

　　失戀博物館，它是屬於大人的博物館，也是世界上獨一無二的博物館，展品來自世界各地人們失戀或分手後相關的物品，捐贈放在這裡的，每一件物品的背後都有一個獨特的故事，紀錄了愛情的結束、失落以及相關的記憶。

　　這家失戀博物館不僅僅是薩格勒布的一個景點，還舉辦過全球巡迴，訪問許多國家，收集展品。我們可以在裡面，感受到一些情感的共鳴，我認為他們將那些人的痛苦轉化為集體記憶的獨特空間，幫助人們用藝術和文化的方式處理傷痛，這讓我印象非常深刻且喜歡。

《保存27年的痂》——這是
我看到最特別的失戀物品。

旅行中的獎勵機制

出門在外，我們愛孩子也教育孩子，畢竟我們的旅行不是很輕鬆，所以一路上是有獎勵制度的，在能力範圍許可內，我會多給予一些獎勵，像孩子完成某些條件，就可以在商店或超市選一個餅乾或果汁，重點是「由他自己選」，或者比較特別的是，如果剛好到二手市場，可以改成隨心挑一件可以帶得走的玩具，孩子很有趣，每次選的玩具一個比一個差，我的條件只有一個，只要包包放得下。

舉例，有次一個挑健達出奇蛋的外殼，一個挑健達出奇蛋的內膽，賣家直接買一送一，常常孩子挑的基本不用錢，或者 3-4 樣只需 1 歐元或 1 美元，因為他們挑的東西——舊的跟垃圾差不多……哈哈。

以前在台灣，我總覺得用錢就可以去衡量孩子的努力，節日或生日也會給孩子買好一點的禮物，這趟旅行我才知道，錢的多寡不重要，對孩子來說，棒棒糖和洋娃娃，開心程度是一樣的，因為孩子心裡的認知和大人不同，對孩子而言，禮物的情感價值更重要，只要可以帶來快樂和安全感，就足夠好。

在二手市集，孩子們可以逛上一整天。

在加油站
洗澡超省錢

第一次在車上過夜很開心。但要提醒大家，
我們成功不表示真的安全，出門在外請隨時提高警覺！

租車環歐省錢密技

在歐洲自駕遊是最方便自在的，最便宜的租車方法肯定是手排車，加上 7 天以上原地歸還，不得已時才會用到異地歸還，因為每天會有額外的手續費，通常我們會在第三方平台找最便宜的租車公司，還可以套入在網路上找到的優惠碼，或是優惠券。

我們在克羅埃西亞租到的車，1 天含基本強制險只要 418 元台幣，就是透過第三方平台找到最低價後，打電話跟 Green motion 租車公司預定。

我們在環歐路途中，發現加油站與休息站都有提供「淋浴間」與「洗衣房」，並且櫃檯會提供鑰匙讓你進去洗漱，有些免費，有些也只需要 2-3 歐元。我們秉持好奇心，跟休息站的櫃台索取鑰匙，發現裡面一應俱全，乾濕分離，還有吹風機，車子也可以停在那裡過夜。如果是加油站的話，就必須先問服務員能不能在此停一整晚，或是詢問過夜要不要收費用，如果需要，他們通常會開收據，讓人車都能在此待 1 晚。

淋浴間很乾淨。

我們也曾擔心過治安問題，所以有問過在地的房東們，能不能在加油站與休息站過夜，得到的答案都是可以的，所以我們就用這方式進行一場較長公里數的旅行。

我們會先環顧四周，確定安全，才在車子四邊與最前方的擋風玻璃上，利用曬衣夾跟我們的快乾浴巾遮住，保有隱私，睡覺則是因孩子還小，將車子後座鋪平即可平躺入睡，大人則把前方把椅子放倒，過夜的同時，主駕駛位置上一定要有人，確保車子可以隨時發動開走。

我想我發現的環歐祕技，大概就是預算 600 元 /1 天的車，租借 2 個月後原地歸還，過程中偶爾住宿偶爾睡休息站，我想，這一個計畫完全是可以實施的，只是需要注意的是車款是否能夠跨國，及有沒有里程數限制等。

最後，我想提醒一下，並不是在歐洲，我們沒有被搶劫就代表歐洲很安全，請隨時隨地保有警戒心，我們也是發現停車場同時有 10 幾台車，跟我們一樣，才安心這麼做的。

上圖／在停車場一起刷牙的我們。
下圖／休息站的洗澡間外也很乾淨舒服。

撿松果
賺外快

拋棄一切出來體驗生活，好好壞壞都是打開眼界！

孩子們出發

　　雖然沒有去特別的景點，但歐洲處處是風景，我還發現，居然有人拿路邊的松果來賣，而且真的有人買！

　　這讓我們很興奮，立刻讓孩子出去樹林裡撿松果，可惜長的較矮的松果都沒有了，只剩下高的，我們需要用石頭一個個打下來，但最後

左圖／公園野餐的地方就能撿松果。
右圖／松果賣不出去沒關係，拿回家做小聖誕樹！

因數量太少，根本沒有辦法賣。突發奇想的我們，再找一些帶有綠針葉的樹枝，回到租屋處，自己做了一個簡易版的聖誕樹。

住宿的地方就可以煙火看到飽。

真的一家店都沒開

對歐洲的人們來說，聖誕節和跨年是最重要的節日，等同我們的過年，我以為「不提前買菜，會沒有東西吃」這句話只是說說而已，沒想到，聖誕節當天，真的一家店也沒開！

早在過節前幾天的早市，菜價漲得越來越誇張，我不得不多買些備著，在台灣如果遇到薑發綠、蔥變黑，通常我會丟掉，再買新的，但在什麼都貴的歐洲，小小 1 根薑居然要 5-6 歐元，所以我都吃，好在歐洲市場賣的動物內臟很便宜，有時候 1 大盒只需要 2-3 歐元，我就會買這些來補充蛋白質。

跨年當晚，我們煮起火鍋圍爐，沾著我最愛的沙茶醬，瓦斯爐上還煮著爸爸跟孩子們下午一起做的湯圓，窗外可以看見大大小小的煙火，這就是簡單的幸福吧！

歐洲的跨年夜，幾乎家家戶戶玩煙火，超市裡的煙火被搶購一空，我們本來也想買來玩，結果真的搶不到，而且他們玩煙火是認真的，那一晚，我們從晚上 8 點看煙火直到跨年，連續的煙火讓我們大飽眼福，剛開始很浪漫，結果煙火直接放到凌晨 4-5 點……這又是另一個故事了。

我最喜歡的歐洲國家是這裡！

如果要說我們對歐洲最大的印象是什麼？我想應該是下雪吧！

冰雪世界之旅

學生時代我曾閱讀過一本《克羅埃西亞》的旅遊書，被書上那張一片橘紅的建築所吸引，曾經想著我一定要去克羅埃西亞，但是對當時的我而言實在太遠，失落的放下書，想著，下次吧！下次有機會！

這次我們終於有機會來了，而且運氣很好，房東說，克羅埃西亞的薩格勒布已經6年沒有下過雪了，卻讓我們遇上今年的初雪，真是太棒了！

冬天的歐洲天氣不好，很多景區的門票錢都被砍到2-3折，只要不怕冷，是個省錢的旅遊淡季，那天，我們按原定計畫要前往「十六湖國家公園」，顧名思義總共有16個湖，上游12個湖泊、下遊4個湖泊，是世界遺產之一，那時候我們的門票只需要10歐元。

原想著只是初雪而已，沒想到一路駕駛到景區，整個都被白雪覆蓋住，變成了和書中完全不同的樣子，第一次親眼看到白

克羅埃西亞的十六湖。

左圖／一路上的風景都是銀色世界。
右圖／一家四口興奮的在雪地裡留下掌印。

雪皚皚的十六湖，讓我著了迷，女兒甚至問：「這裡會不會住著精靈。」

園區裡有大大小小的冰柱，每一個冰柱都可以讓孩子玩許久，我們照著指示慢慢的走，最後因為風雪越來越大，工作人員要提早閉園，建議我們盡快返程，避免道路封閉，後來真的下起大雪，我們被困在休息站，但此時的我，心中還想著歐洲我最喜歡的克羅埃西亞的景色。

一不小心就出國

接著，我們一路往南經過了波士尼亞與赫塞哥維納，利用休息站的淋浴間，我們又度過了一夜。這樣就算我們在那個國家待了一個晚上吧！在歐洲自駕一不小心就會開越界，國界間也幾乎沒有阻隔，可以早上到附近的早市，簡單吃點早餐，再繼續旅程。

我們往杜布羅夫尼克前進，也就是杜城，同時也是《冰與火之歌：權力遊戲》的君臨城取景地，整個城市分為古城牆、古城區與城牆外景點，天氣很溫暖，有10℃左右，並沒有昨日下雪天的寒冷。因為淡季，老城裡的遊客並不多，許多店也沒有開，爬完古牆，我們又閒晃了一下午，若是夏季，我想，肯定可以直接衝進海裡吧！

在《冰與火之歌：權力遊戲》的君臨城古牆口，看出去的杜城真的超美。

左圖／杜城古牆長達2公里，是保存很完好的中世紀城牆之一。
右圖／走在《冰與火之歌：權力遊戲》的君臨城裡。

義大利

Italy

這裡一點都不浪漫，
推車扛上扛下 100 次

威尼斯不適合行李箱，真的，除非有專人幫你扛！

終於來到了書本中的水都威尼斯。

我們夜衝威尼斯

　　原本想在克羅埃西亞度悠閒的度過幾天，怎知視訊時，我爸突然的一句：「威尼斯就在你們旁邊，怎麼能不去呢？」查看了地圖，居然只要 373 公里，不就是台北到高雄的距離而已嗎？帶著興奮的心情收拾行李，我們決定衝到威尼斯！

　　老樣子，晚上直接找休息站過夜，早上 7 點我們便抵達了威尼斯。

　　許多人會在威尼斯的外圍停車，再搭乘水上巴士前往，我們選擇用錢換時間，直接將車子停在島內唯一的停車場，一次性收費 35 歐元，

不限時間。一走出來就是威尼斯港,走過了一個大拱橋之後,就再也沒有車了。

跟書上說的一樣,這是世界上唯一沒有汽車和馬路的城市,不但有水上交通,還有水上市場以及獨特的「威尼斯嘉年華」慶典,每個角落都充滿了詩意和風景畫的感覺。

來威尼斯必做的事

這時是 2024 年的 1 月,許多店家在冬季不營業,港邊的風很大,縱使我們已經穿著兩層發熱衣和厚羽絨外套,還是覺得寒冷刺骨,可是現場的觀光人潮依舊未減。

原本想著肯定要搭「貢多拉船」,畢竟這是所有來威尼斯的人都必做的事!可以在路旁找到「Gondola」的綠色牌子,旁邊會有穿條紋衫的船夫隨時在等待,也可以網上預定,平均價格 1 位約 80-100 歐元,看到價格,我們和現實妥協,是的,有些體驗我們不一定需要,就像在土耳其沒有搭乘熱氣球,也沒感到遺憾,不跟錢過不去,才是我們一家的真理。最後,我們選擇沒有任何裝飾的簡易船,1 人只需要 2 歐元,也算體驗威尼斯在地的水上交通了。

整個城市交通工具只有船。

「沉船書店」的一角。

　　大家都說，應該要去世界上最美書店的「沉船書店」，旅遊時間長了，我發現，這世界上有太多「世界之最」，像是世界最美圖書館、世界最美麥當勞、世界最美咖啡廳……真的見多了，聽到後來心中已無波瀾。

　　實際上我去「沉船書店」的感受並不好，它是個二手書店，以其獨特的陳列方式聞名，書籍被放置在貢多拉船上，宛若漂浮在水面上，而書店的後方有條運河，是拍照打卡的絕佳景點，也許是因為人潮眾多，沒有辦法在書店愜意瀏覽，時不時會被要打卡拍照的隊伍推擠，若是不在意的朋友，可以前往。

　　黃昏時分，我們到了被拿破崙讚譽歐洲最美廣場的「聖馬可廣場」餵鴿子，不想花時間排隊買熱門美食，只默默買了無名的冰淇淋，意外的好吃。我們也在里阿爾托橋附近找間能看到運河的餐廳，品嚐在地非

常有名的墨魚麵與炸海鮮，好好感受運河的繁華，欣賞來回穿梭的貢多拉船們，悠閒自在。

　　體驗了一整天的美景，有個心得跟大家說：「這裡不適合行李箱。」真的，除非有專人幫你扛，不然光是跨河拱橋，就不知道要扛上扛下幾回合，才能抵達住宿點，這種累，你可以想像一下，把跨河拱橋當成斑馬線，走了幾次斑馬線就是走幾次跨河拱橋，頻率非常之高，所以我們帶著兒童推車，就是個非常錯誤的決定，途中甚至有想丟掉的衝動！大部分都會建議「不要住在島上」，除了這個原因外，主要也是因為貴，因為搭乘公共運輸不難抵達，而我們不需要住宿，所以並沒有研究到島上的住宿相關資訊。

左圖／想像過河跟過斑馬線的頻率相當，就知道一整天要扛幾次推車了。
右圖／搭不起貢多拉，也可以搭1人2歐元的交通船。

英 國
The United Kingdom

零下 10℃大清早的
砍柴生活

很多網友問去英國:「是要去看哈利波特嗎?」
還是要見證《傲慢與偏見》的浪漫?答案是:找尼斯湖水怪!

最難過關的廉價航空

　　冬天的歐洲很美,但並不適合我們,我要說:第一次看城堡、教堂,總是「哇哇哇」的驚嘆連連,看多了後,就產生視覺疲勞了,還有我發現,許多景點會因下雪而提早打烊,遊樂園或是國家公園也會在冬季關閉,所以我們離開了克羅埃西亞,轉往蘇格蘭。

　　我們買了被評為「最難過關」的瑞安航空飛往倫敦,但最吸引人的永遠是便宜的機票,1 人只要 980 元台幣,反而行李費用比機票還貴,這也是自由行的樂趣之一,總要跟航空公司玩文字遊戲,一個沒注意,就要多付錢。不過關關難過關關過,恭喜我們順利地登上飛機,2 小時後我們順利抵達倫敦了!

在休息站過夜,一早醒來看到的美景。

住在改造後的馬廄裡。

生火取暖的砍柴生活

　　我們來到英國，只為一圓先生小時候的夢想。

　　他說小時候最愛看世界未解之謎，其中「尼斯湖水怪」一直是他最喜歡的題材。他說：「我能去找尼斯湖水怪嗎？」我說：「當然能。」所以我們一路驅車，穿越蘇格蘭的古老山丘，探訪了傳說中有尼斯湖水怪的尼斯湖。

　　順便一提，在倫敦開車是右側駕駛，以防萬一，一開始租車的車險，我們就保全險，事實上證明也沒有多困難，我跟先生

聊聊瑞安航空 Ryanair

網上有人說：「為了你的身體健康，盡量避免瑞安航空。」但對我們來說，便宜是首要條件，許多廉價航空的機票價格都不含行李，必須額外購買行李額度，瑞安航空除了網上預辦登機外，還要自行列印登記證，若是沒有確實做到，會被罰款 55 歐元，而行李是要求強制盤查，算是我們遇到最嚴格的廉價航空了，這點可能會因每個出發的國家不同有些微差異，朋友們可以自行查詢。

輪流開車，2人適應了一陣子就習慣了，就是需要一點時間上手而已。

中間經過劍橋大學附近，吃到了旅行中最滿意的中式餐廳，是廣東料理，推開門熟悉的香味撲鼻而來，光是炒飯我們就點了2盤，滿足了胃，我們再度驅車往目地的前進。

老樣子，我們在休息站度過一夜，這裡過夜需要7英鎊，使用衛浴設備不需要費用，跟服務人員拿鑰匙即可。當時溫度大約在攝氏0℃，車上我們準備的睡袋與雪衣，足夠我們休息。

起床後，映入眼簾的美景永生難忘，成群的小綿羊跳躍、鴨子悠哉的划水。突然覺得自己也走進了這幅畫──那抹自然的色彩及曠野的呼喚。

駕車環歐這件事，開在道路上的每1分鐘，都讓人覺得：「這世界好大，我要去看。」雖然我們正在看世界，但我想，旅行最有意義的事，去找到自己對生活的未知與期待。

很快的我們抵達這次住宿的地方，房東是一個80歲的爺爺，訂房的一切由他的兒子管理，他只負責接待，他帶我們到改造的馬廄前，是的，這就是我們這1週的住宿空間，沒有淋浴間，只有簡單的電磁爐，可以炒菜做飯，2樓有簡單的木板床，可以睡覺休息。

接著，我們放好行李，跟著他走，他說：「需要砍柴，你們會嗎？」

房東爺爺讓我們愛上蘇格蘭。

左圖／在國外我居然讓孩子自己去生火。
右圖／第一次砍柴就失敗的爸爸。

我先生自信滿滿的說：「會。」只見他舉起斧頭砍下去，木頭跟著斧頭全起來了，房東爺爺笑道：「這需要點訣竅。」他示範給我們看，先生很努力地跟著：「我想我很快可以學會。」那時天氣已經降到零下10℃，我們拿著砍好的木柴，在住的馬廄內，打開火爐，點燃火種後放入木柴，開始生火取暖。

在台灣，我們擁有較完善的環境，不管是廚房還是陽台，都會把可能發生的危險降到最低，所以我不允許孩子碰火，甚至不能進廚房，但在旅行中，可能遇到的事情千奇百怪，到現在出國 100 多天了，我開始教導孩子「何謂危險」，讓孩子學習如何避開，或是小心應對有危險的事物，所以在這裡我讓孩子去生火，也不擔心。

然後，就開始了我們在蘇格蘭為期 1 週的「砍柴生活」。

和蘇格蘭爺爺
一起去牧羊

旅行的快樂不在於目的地，而在於它的過程，
就是帶著簡單的行囊，從自己國家出發去看不一樣的生活。

平凡的日常，即是幸福

　　天光未亮的早晨，爺爺會帶著他的 2 隻牧羊犬去牧羊，而先生也會跟著出門去砍柴，大約 40 分鐘後，先生就會帶著 2 大桶的木柴回來，而爺爺則會在下午才回來。

　　接著，我會請姊姊小心的把木柴放入火爐內，要輕放以避免火熄掉，妹妹則會用鋁箔紙將地瓜包緊，放進去烤，這就是我們每天早上的早餐，妹妹若是餓了，姊姊會先烤些棉花糖給她止止餓。

　　在蘇格蘭的前幾天，幾乎是下大雪的狀態，每天都需要鏟門前雪，否則開不了門，爺爺就住在我們斜對面的小屋，時不時可以看見他在屋內看著書，或者拿著望遠鏡看向遠方，偶爾他會看到一些馴鹿，過來跟我們和孩子說：「對面有馴鹿，要看嗎？」也會拿著飼料給孩子們去餵羊和牛。

每天去牧羊，了解原來羊身上的紅色標記是區分性別。

有天，他從倉庫翻來一個小雪橇，他說雪積得夠厚了，你們拿去玩吧！我們就拖著雪橇到後院玩，打了一場真正的雪仗，真的太開心了。

　　如果要說對英國印象最深刻的事，我想應該就是那幾天了，雖然每天都需要砍柴生火，雖然沒有淋浴間可以洗澡，雖然天氣非常的惡劣……但只要我們一家人在一起，沒有什麼事情可以擊垮我們。

　　最後，我們大老遠來到蘇格蘭，結果是幾乎哪裡都沒去，就很像我們去趟墾丁，從頭到尾就只住在飯店，哪都沒去，但我們卻不覺得可惜，和蘇格蘭爺爺在郊區的相處日常——砍柴、生火、牧羊、打雪仗，窩在改造後的馬廄房裡取暖，很溫馨也很快樂，所以我認為，旅行最印象深刻的地方，從來就不是大景點，我們只是因為一個人，就深深愛上了蘇格蘭。

左圖／大雪紛飛，爺爺用望遠鏡找動物，讓我們一起看。
右圖／出門拖著雪橇到處走，孩子很喜歡。

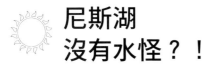

尼斯湖
沒有水怪？！

整個蘇格蘭，我們只去了「尼斯湖」，雖然，最後並沒有找到水怪。

滿足先生的內在小孩

在蘇格蘭把湖叫做「Loch」而非「Lake」，所以尼斯湖的全稱是「Loch Ness」，現場有許多導覽尼斯湖的船，旅遊旺季建議網路預定，像我們淡季去的現場決定即可，最晚的船班是下午 1 點半，想參與的朋友記得早點來，湖邊的紀念品店有許多尼斯湖水怪的紀念品，可想而知尼斯湖水怪為這裡帶來了不少商機。

我對尼斯湖本身沒有什麼評價，就是一個沒有特別好看的湖，但先生為了圓夢，想知道小時候書裡的答案，零下10℃的天氣仍堅持要去，當時現場沒什麼人，積雪已經達到 10 幾公分，孩子們都穿著雪褲，我們一起坐在湖泊前，我說：「風景好像滿普通的呢。」先生說：「我來這裡本就不是為了風景，而是為了滿足小時候的好奇心。」

先生的童年並不好，心理醫生說他有「選擇性自閉症」，可是當年長輩並不太理解這個病症，只認為是「內向」，直到長大，他自己去尋求醫生的幫助，才知道原來患有的是「選擇性緘默症」，這症狀導致他在學生時期，曾有整整 9 年沒有在學校開口說過一句話，雖然之後他有心想改變，但在沒有任何幫助下，換來的只是學生時期的言語霸凌。

他說：「如果童年時可以許下一個願望，我希望父親帶我們，一家人一起去旅行，哪裡都可以。」因為家庭因素，他們並沒有真正的家庭旅

行過，所以他說，小時候有很多夢想，通過這次旅行，實現了很多……他說：「以前討債的人到我們家，我媽媽帶著我們 3 個孩子躲在桌底下。」那時候的他便知道：「自己不可以有夢，因為不切實際」，那些曾經他以為就只會在夢裡發生的事，長大後的自己，能夠帶著孩子一起實現，然後用旅行治癒了童年時的自己。

　　站在尼斯湖後面的我們 3 個女子，冷到鼻涕氾濫，但還是願意給他時間，讓他與童年的自己對話。

20歲前沒有離開台中的人，現在居然在環遊世界，先生很感慨。

倫敦鐵橋垮下來的
不是倫敦鐵橋？！

目前愛丁堡被我票選為歐洲最美城市，沒有之一。

愛丁堡的美是歐洲第一名

離開蘇格蘭爺爺家，我們來到愛丁堡，J·K·羅琳筆下哈利波特的魔法城市，在這裡暫住2天。

愛丁堡的天氣總是陰雨濛濛，讓冬天更加濕冷了，難怪被稱為「雨城」，聽說一年四季都可能下雨，但是在細雨中仍有獨特的魅力，加上四面臨海的潮氣帶來的霧氣瀰漫，我們漫步在中世紀建築的街頭，好像愛丁堡能把那種破碎與孤獨的感覺，詮釋得非常到位。

聽說在我們離開愛丁堡的隔天，下了初雪，沒有緣分見到被上帝撒上糖霜的愛丁堡，只能有緣再續了。

不得不說愛丁堡真的是很美的城市。

房間的夜景居然是泰晤士河！

　　回到倫敦，又是與房東「你藏我猜」的環節，我們在花圃裡某個角落，找到了鑰匙，順利住進房東家，住宿點就在泰晤士河旁，每天孩子睡著後，我和先生會一起看著美麗夜景，喝杯紅酒，非常浪漫。

　　來到倫敦，我才知道原來兒歌裡的「倫敦鐵橋垮下來」的「倫敦鐵橋」，指的不是最有名的「倫敦塔橋」，它只是一座很普通的倫敦橋，來源是 1014 年，英格蘭王賽爾雷德二世為了阻攔丹麥入侵的軍隊，下令燒毀倫敦橋，事後得到修復，人民唱說著倫敦橋的滄桑歷史而有的民謠，人們口口相傳，其實在英文的原意是「London bridge is falling down……」也就是倫敦大橋，並非鐵橋，只是不知為何最後就變成大家朗朗上口的「倫敦鐵橋垮下來、垮下來、垮下來」。

這次住宿的夜景超讚。

這不是傳說中的倫敦鐵橋，這叫做倫敦塔橋。

　　真正的倫敦塔橋是「Tower Bridge」，大家都會去打卡拍照，表示
到此一遊，它與倫敦大橋 London Bridge 是兩兩相望的平行線，步行
約 10 幾分鐘可以走得到。

　　原本想帶著孩子去起源於英國的「佩佩豬樂園」，結果冬天關閉，
剛好就關那一個月，但沒事，我們早就做好計畫 B。

　　我們改去了野生動物園，在國外有很多可以「自駕」型態的遊樂園，
我們前往「Woburn Safari Park 動物園」，距離倫敦市區約 40-50
分鐘的車程，在動物園裡面可以看見各種動物，因為我們人全程都在車
子裡，只要記得鎖好門窗，基本安全，車窗外面獅子、老虎、袋鼠、猴
子等都可能出現，很適合帶孩子前往，寓教於樂，幸運的話猴子還會爬
上你的車子呢！但後來，我發現這不是一件幸運的事，雨刷差點就被猴
子給拆了。

冰島
Iceland

冰島不存在
任何景點

我們發現，若要用便宜的機票抵達北美洲，
從冰島轉機是個不錯的選擇。

營地真的很棒！

　　以前我的自由行，大多會選物價較低的國家，因為我認為有多少錢做多少事，記得第一次帶先生出國是在 2013 年，去的是泰國曼谷，我們去搭沒有冷氣的公車，前往不知名的水上市場，那裡幾乎沒有觀光客，椰子 1 顆只要 10 泰銖，雖然當時他在桃園機場，飛機準備起飛之際，還滿臉不屑的說：「我認為花這麼多錢，真的很不必要。」結果就因為那一次，開啟了他的世界觀。而我想環遊世界對我而言，不是突發奇想，是把那個快淡忘的旅遊魂召喚回來而已！

　　可能因為自由行，我已經習慣去物價低的國家了，當我說要去環遊世界的時候，朋友們紛紛問起：「會到北歐嗎？好期待之後的分享。」我都很果斷的說：「絕對不會。」既然要拉長旅遊天數，那就得把物價水平往下拉，才能在有限的費用中，真正延長旅遊的時間，可是誰知道命運如此的安排，居然讓我來到冰島，而且還是用露營車環島呢！

　　我們原本的計畫裡根本就沒有北歐，怕昂貴的消費會讓旅費消耗得很快，但一切都是緣分。

　　既然來了，就好好享受旅程，我們選擇用露營車的方式遊玩冰島，路線是從雷克雅維克出發到赫本，在最後一天駕駛到斯奈山半島後，回到雷克雅維克，由於冬天常會下大雪，北部的路線時常會封路，我們就

上圖／第一次露營車初
體驗就愛上！
下圖／冰島蒂芬尼瀑
布，原圖拍攝就很美。

選擇只玩冰島南部。

安全起見，我們租借較大型的露營車，看起來像是有中型巴士這麼大，可以同時乘坐 5 個人，有 4 個睡覺的位置，也就是每個坐位都是固定的椅子，與床的空間分開，在冰島，兒童乘坐汽車安全座椅是必須的，所以，露營車也提供了免費的兒童汽座。

露營車公司還有許多特別的租借服務，像是音響、吉他、滑板車⋯⋯總之，我們開始了有趣的冰島露營車自駕遊！

很建議大家第一天在首都雷克雅維克的營地讓露營車駐紮，為什麼呢？因為大多數人都想著，第 1 天能開多遠就多遠，等最後 1 天才待在這裡，那要離開的人會有很多帶不走的物資，留下來的包含一些瓦斯罐、酒、零食，甚至是棉被⋯⋯所以，第 1 天住在首都的優點就是：物資超豐富，都可以免費拿。

冬天的冰島處處是風景！

真的很不推薦冬天來冰島，唯一的好處大概就是「省」吧！

158

冰島最有名的教堂山，也是《冰與火之歌：權力遊戲》裡的「箭頭山」。

跟大家分享我們一家四口在冰島 8 天，不包含機票的實際花費，吃喝玩樂食衣住行總共花費 7 萬 6 千元台幣，有人說冬天的冰島克朗匯率最低，可以換到很好的價錢，這部分我沒有研究，不太清楚，可以證實的是，冬季的冰島確實不貴，除了飲食部分肯定昂貴，這 8 天我們完全沒有去餐廳，都是找超市購買食材，自己利用設備簡單煮食，填飽肚子。

　　除了便宜以外，為何不建議大家在冬天來？首先冬天的冰島幾乎是極夜狀態，一天日照只有 3 小時，時不時還會遇到暴風雪，讓你寸步難行，雖然只有冬季才可以看見藍冰洞，比較容易見到極光，也才能冰上健行，但其實在冰島遇見極光的機率比挪威、芬蘭低許多，但對住在熱帶地區幾乎不下雪的台灣的我們來說，冬天的冰島雪景真的美到爆炸，處處都是明信片等級的風景。

左圖／冬天的日照時間極短。
右圖／「小豬超市」是冰島最受歡迎的平價連鎖超市。

全世界最帥的職業
是鏟雪車司機

冬季在冰島租車，一定要記得額外加保道路救援拖吊險，
這個錢不能省。

半小時就能看見一次鏟雪車

　　大學時看的《白日夢冒險王》（Beautiful things don't ask for attention），讓我認識了冰島，而先生是在環遊世界的前一週，才和孩子一起看這部片，對我而言，就是學生時代的憧憬，對他而言是有種「哇！我要做一件非常酷的事，我要和主角一樣闖蕩世界的那種感覺。」所以他幾乎是滿懷期待在冰島旅行。

　　在途中，他說：「我對這世界充滿無限的感激與珍惜。」那時候的他，有種拋棄一切往前走，好像整個世俗都跟我沒關係的感覺，我沒想到眼前這個32歲的男人，突然「語言大爆發」，而且眼裡有光。

　　後來，我們聽說原來眼鏡行裡的驗光機，看到的遼闊景色——筆直道路中的紅頂白屋小房子，就在冰島的斯奈山半島。題外話：「我小時候看的是熱氣球耶！」

上圖／爸爸堅持要去《白日夢冒險王》拍攝地拍照。
下圖／鏟雪車司機前來營救我們。

左圖／親眼看見傳說中的小房子。
右圖／無論是冬天、夏天都可以看見的「鑽石沙灘」，充滿大大小小冰塊！

我先生說，「我看的一直是小房子耶！」原來驗光機還有兩種不同的圖，那你們看到的是哪一種呢？

最後我們來到哪條筆直的道路，雖然被白雪覆蓋，但我們還是親眼看見了傳說中的小房子，在拍照的途中突然下起冰雹，我們回到露營車上，準備返回主幹道路，誰知一個不小心，輪胎往後滑動，卡在路肩與後方的積雪裡，意外又來了！

我們有為露營車額外保了「拖吊險」，在租借的櫃台就可以辦理，1天約 1800 元台幣，在冬季的冰島，車子卡在雪裡是很常見的事，短短一週，我們在路上就見到 10-20 台車卡住，我們就是其中一台。由於我們有額外保了「道路救援」（拖吊險），所以並沒有太過緊張，若是沒有額外加保的話，一次費用約 6-9 萬元台幣不等，會依車型大小及難易程度來計費。順便提醒，冰島超速被開罰單的話價格落在 8000-

17000 元台幣左右，真的要小心！

在卡住的當下，我們看到前方開來一台鏟雪車，先生說他先下車詢問看看，如果解決不了，我們再打電話救援也沒關係，於是他在暴風雪裡大力的揮舞雙手，沒多久鏟雪車司機停下車，看看我們的車後，老練地拿起拖吊繩，很快地將我們的車拉回主道路上，真是太感謝了！

從此，「鏟雪車司機」被我先生封為「世界上最帥的職業」，為此我們買了一台鏟雪車模型，擺放在家裡客廳，每次看見都會想起這次特別的經歷，會心一笑。

因為冰島的冬季氣候多變，鏟雪車就有好幾種型號，幾乎每半小時就可以看見鏟雪車經過，是整個歐洲看到鏟雪車比例最高的國家，也建議要在冰島自駕的朋友們，盡量租有四輪傳動的車款，因為在冰島的「F-roads」道路只能夠駕駛有四輪傳動的車，其餘的車款在上面行駛是違法的。

左圖／冰島特殊地形，黑沙灘和雪白的反差對比強烈，也是一種美。
右圖／冰河湖有浮動的藍白冰山，場景壯麗無比。

別去藍湖，
去體驗戶外游泳池

來冰島肯定要體驗藍湖溫泉吧！
我的建議是想省錢，就選一年四季都開放的戶外泳池。

戶外泳池也是個好選擇

　　由於藍湖溫泉的地理位置距離機場只需要 20 分鐘，很多遊客會安排在行程的第 1 天或者是最後 1 天。

　　其實冰島的藍湖並不是一個全天然的風景區，業者將它打造成一個度假村，遊客可在藍湖的溫泉中泡澡享受，也可預定度假村裡的按摩療程，由於是遊客眾多的大景點，最好提早預約才能保證可以順利在自己預定的時間進入，以免打亂行程。

冰島的泳池幾乎都是戶外的，絕對不會缺少兒童玩水區，大多會提供兒童水上用具。

女性好物

男生可能不理解，但女生絕對懂「去旅遊要玩水，卻碰到經期」的討厭感覺。想起有次在泰國突然遇到經期，結果在商店買的衛生棉居然沒有翅膀，我一整天都好沒有安全感，所以真的感謝老天，讓我認識月經碟片還有月亮杯這 2 個好物，好處就是經期來時想要游泳、泡溫泉，甚至極限運動都可以，只要消毒好，可以使用 5-10 年，非常方便，我從此跟衛生棉說拜拜！

　　藍湖的基本費用落在 1 人約 80 歐元，7 歲以下的孩童免費，進入溫泉池內可得到一組面膜及免費飲料，我們一家經過菲律賓的洗禮，可說是泡海達人了，區區一個藍湖溫泉，我們就可以在裡面泡上 4-5 個小時，其中遇上 2 次大雪，必須躲到橋下或石洞裡，後面還有幾次孩子身體是在溫暖的湖水中取暖，雙手卻抓滿了雪，開始在湖邊玩起雪球遊戲。

　　對親身體驗過藍湖的我而言，其實沒有想像中的美好，性價比不高且人多擁擠，來冰島除了其他的溫泉也可以參考以外，我更推薦去冰島的戶外泳池游泳，而且冰島戶外泳池一年四季開放，泳池水源也是來自天然的地熱溫泉水，差別就在它不有名而已。

　　我覺得整個歐洲對於泳池的兒童設施都做得很足，絕對不會缺少兒童玩水區，大多也都會提供兒童水上用具和玩具，應該會是個好選擇。

　　在冰島的這一週，剛好碰上我的生理期，如果採用最傳統的方式，那我應該沒有辦法體驗溫泉，或是在戶外溫泉泳池游泳了，好在我會使用月經碟片，才不影響體驗行程。

加拿大
Canada

帶著孩子，
一天到晚被抓進小黑屋

在美國與加拿大，親子證明是我們最常拿出來的文件。

原來小黑屋燈光很明亮

在環球旅遊的途中，我們很常在機場入境處被盤問，當然也有被帶進小黑屋的經驗！

我才知道原來「小黑屋」，不是髒髒黑黑的小房間，就是一個小小的辦公區域，大家真的不要太緊張，沒有那麼可怕，可能是我們有帶著孩子們的緣故，遇到的海關人員其實都不太兇，只是在必要時會保持嚴肅。印象比較深刻的是在美國，我們被額外帶去一個房間盤問，這途中海關人員很友善，還給孩子貼紙安撫，讓我們大人能夠好好的跟海關溝通。

英文不好的朋友，可以跟我們一樣，先禮貌性地問海關人員能否拿出手機進行翻譯，目前遇到的都有同意，因為大家都希望能夠有良好的溝通，而且我們的證明文件都有準備好（總共準備哪些文件，可參考本書P16文章），以及旅行途中每次的飛行機票存根，我都會用資料夾裝好，在必要時一件一件交給海關人員，並告知我們正在進行長途旅行，通常還會開啟我們的 Facebook 或者是 Instagram 分享我們的旅途故事。

準備好所有證件，跟一路走來的交通票券。

旅行的一路上有很多困難，但我們一起面對。

　　為什麼會被帶進小黑屋盤問，有很大的一個原因是沒有「回程機票」，這部分可提供各位一些方法：除了離境的陸路交通工具外，還可以出示所有的文件與計畫表，若海關強烈要求一定要出示該國的離境證明，也可以現場購買一張任一地點最便宜的機票，最保險的方法是可以購買 24 小時內可退票的機票，並截圖給海關看以示證明會回到台灣。

　　我必須說，有時候海關稍微嚴肅，給人心理不舒服或不安全的感覺很正常，被盤問的事情有時會很多，主要都在向海關證明：你是有能力持續旅遊的，或者是現場打開手機的銀行 App，滑動流水帳給海關人員看，及在台灣的相關證明文件，都可以拿出來，當然也有可能會一直被重複問相同的問題，但請保持冷靜，只要真實回答，就算答案一樣也沒問題。

　　這些是我們在旅途中，跟其他背包客們一起聊天所交流的心得，分享給大家！

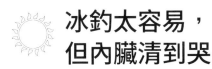

冰釣太容易，
但內臟清到哭

在加拿大，我們住進了一位攝影師的家——他把家設計如同畫廊般充滿藝術氣息。這位攝影師房東是土耳其裔，隨和又好相處！

很適合親子的冰釣活動

　　我們在加拿大住 10 天，這位攝影師房東非常隨性，他允許孩子在房子裡跑來跑去，甚至主動跟孩子玩起捉迷藏、在院子裡打棒球，也讓孩子跟他遠方的家人視訊，相處得非常愉快。

　　我們入住的是一棟獨立別墅的地下室，聽到住在地下室好像很奇怪，其實在加拿大的房子設有地下室是非常常見的，因為我在溫哥華也住過這樣的房型，這不是我第一次住在地下室了！除了採光不足以外，我認為沒有太大問題，而且 1 房 1 廳及獨立浴室、洗衣機，是非常完整的獨立空間。

　　多倫多的冬天非常寒冷，即使只是去戶外公園，也常常讓我們凍得受不了，所以許多地方也沒有開放，遊玩的景點隨之減少，有天房東就和我們說：「不然去冰釣吧？我知道附近有個地方已經開放冰釣了。」冰釣只要湖面的冰層厚度達到了，冰釣場就會開放，所以想去冰釣的朋友，

攝影師房東是土耳其人，非常好相處。

在加拿大，每天騎二手市場買的5歐滑板車去公園玩。

需要先確認場地是否開放，再行前往。

在加拿大，大多數省分和地區想要釣魚的人，都必須申請「釣魚牌」，以前需要去釣魚店申請，現在只需要網路上申請，截圖證明即可，比較特別的是釣魚牌需要提供瞳孔顏色，這是我第一次被要求填寫的特殊資料，原因是因為瞳孔顏色是生物特徵的一部分，相對穩定不容易改變，這是確認個人身分的可靠方法之一。

因省分的不同釣魚牌的規定也有不同，舉例安大略省，有分 1 天釣魚牌照，也有分 7 天、1 個月甚至是季節性的，申請 1 天的釣魚牌費用大約是 650-750 元台幣之間，肯定是時間越長越便宜且划算，16 歲以下在安大略省則可以不用申請牌照。

申請好「釣魚牌」，接著就開始我們人生第一次的冰釣初體驗，我們租了 4 個小時的小木屋，木屋內有暖氣及簡易的瓦斯爐，空間很像桑拿房，在地面上打開他們事先鑿好的冰洞，就可以開釣啦！

經過這次我們發現，姊姊非常有釣魚天分，即使是活魚的魚餌，對她也沒有任何難度，只能說旅遊到現在，姊姊一直在開發新技能，不到 1 小時已經釣了 10 幾尾魚，妹妹跟姊姊性格反差很大，當魚被釣上來的瞬間，妹妹非常的害怕，我只好用食物轉移她的注意力，也帶她出去餵海鷗——只要拿著一桶魚，海鷗就會自動靠近，還有在冰上滑冰對她

來說非常有趣，這裡還沒有規定要穿溜冰鞋呢！

這個活動全家都適合，喜歡釣魚的人可以在小木屋裡釣魚，不喜歡的人可以烹飪食物，也可以在戶外活動，像是滑冰、冰上曲棍球等。

最後，當我們帶著 20 尾魚回家時，房東問：「哇！你們會處理魚嗎？」我們搖搖頭，大家一陣大笑，接著房東說：「我可以教你們如何清理魚內臟。」然後就是互相的分工合作、各司其職。我的天！這是我人生第一次殺魚，老實說挺累的；而環遊世界一趟，我居然學會處理魚內臟，太不可思議了。

補充一點，雖然妹妹非常害怕釣魚，但是晚上她可是吃得最開心的那一位呢！

左圖／小木屋裡有4個洞可以供4個人一起冰釣。
右圖／第一次釣魚就成功的姊姊。

尼加拉瀑布
不在尼加拉瓜

年輕的我不夠勇敢，原以為當了母親會帶著遺憾老去，
結果我們居然順利抵達北美洲了！

世界上最著名的瀑布

　　尼加拉大瀑布位於紐約的水牛城，也算是加拿大與美國交界，有許多人會選擇從美國紐約出發，需要 7 小時的車程，許多旅客也會因此住上幾晚，但我們在加拿大時做了功課，從多倫多出發，只需要 1.5 小時，從紐約出發的距離相對遙遠。

　　所以，在多倫多的時候，我們去了尼加拉大瀑布，對，你沒看錯，就叫做「尼加拉大瀑布」，而不是「尼加拉瓜瀑布」。

　　這個瀑布除了常常被誤會在尼加拉瓜以外，還有很多人誤以為它是世界上最大的瀑布，其實世界上最寬的瀑布是「伊瓜蘇瀑布」，地點位在阿根廷與巴西交界處。

　　尼加拉大瀑布雖然不是世界第一大，其在水流量、知名度和影響力等方面，都位居前列，尤其平均水流量之大，有著巨大的水力發電能力，與伊瓜蘇瀑布、維多利亞瀑布並稱為世界 3 大跨國瀑布。現

全家合照打卡到此一遊。

尼加拉大瀑布雖不是世界最大，卻是水量最多的瀑布。

場除了觀賞美景，還有遊船體驗，航行約半小時內，可以近距離欣賞不同角度的美景，只不過冬天會因為氣溫太低而取消。

建議大家穿著雨衣前往瀑布附近的風之洞，在瀑布的底部感受水流的力量，非常震撼。在多倫多這一側把觀光做得非常好，附近設有尼加拉賭場，許多的魔術表演、音樂會、餐廳和遊戲機都在其中，當然也包含了小型兒童樂園、恐龍樂園等，會給人有種身在拉斯維加斯的錯覺。

這些觀光設施讓尼加拉大瀑布地區變得非常的多元，我們待了一整天，是各種年齡層的遊客前來，都會覺得很棒的景點。

美 國
United States of America

美國的「Bless you」文化

來講講我在美國文化裡，遇到只要有人打噴嚏
會說「Bless you」的故事。

美國人的口頭禪

在美國文化裡有句「Bless you」，已經成為他們的口頭禪，就是當他們聽到你打噴嚏時，下意識的就會來一句「Bless you」，代表祝福，也有關心的意味，翻譯成中文大概就是「保重」，你也可以視為是簡單的打招呼。

身為一個有禮貌的台灣人，當我聽到有人對我說「Bless you」時，我都會回答「Thank you」。

在美國的某商場裡，我們就發生了一個有趣的小故事。

姊姊不小心打了一個噴嚏，旁邊的婦人來一句：「oh!Bless you.」，我連忙感謝的說：「Thank you.」這時換妹妹來一個噴嚏，不遠處馬上就聽到一句：「God bless you.」我又回了一句：「Thanks a lot.」，總之我覺得美國應該不存在 I 人，這種在路上突然要跟陌生人對話的機會，太常發生了。

我在商場吃漢堡的時候，也打了一個大噴嚏，這時大概有 3-4 個人齊口同聲的說：「Bless you.」，可當下我想禮貌性回覆時，發現噴嚏尚未結束，於是我就開始打起連環噴嚏，這時就聽到此起彼落的「Bless you」，那畫面真的滿好笑的，可以想像我想笑，又想打噴嚏，但又想繼續說「Thank you」的畫面有多衝突、多好笑？！

有時候也會發生，我正要打……可是我還在醞釀……，我都還沒打出來，動作預備時，旁邊的人就迫不及待地想要祝福你，好幾次因為這樣噴嚏就打不出來了，心裡真的在想，別鬧了美國人，請讓我好好打噴嚏，謝謝！

　　這句「Bless you」其實之前我就有聽過，在英國偶爾也能聽見，一直以為是個「巧合」，因為我從沒有想過打個噴嚏，會有人跟我說話啊！直到某天在公園裡，有個孩子打了噴嚏，坐在旁邊的媽媽下意識地講句：「oh! Bless you.」我的耳朵瞬間豎起來，想到之前種種情境實在太過巧合，於是我上前詢問，關於這句話的意思，才知道這真的是美國文化的一種，起源於中世紀，人們認為打噴嚏時，靈魂可能會暫時離開身體，惡靈會趁機進入，這句話就是為了保護打噴嚏的人，免受危險的影響，很有趣吧！

　　如果你也在美國打噴嚏，聽到「Bless you」，真的別以為幻聽，陌生人真的會和你說祝福的話。

在華爾街上摸金牛時，如果打噴嚏就會聽到Bless you。

媽媽！蜘蛛人會在上面跳來跳去嗎？

應該有很多人不知道可以進去自由女神像裡面吧！
而且有機會站在自由女神王冠上面，是不是滿帥的。

我見過最髒的地鐵

　　在紐約，我們搭乘他們的大眾運輸交通工具，對紐約地鐵的印象極差，這是自由行的缺點也是優點，很容易看到城市骯髒的一面，旅遊心得會和跟團的人有很大的差異，例如我認為巴黎的地鐵也非常髒，甚至有尿騷味，整個城市也沒有非常乾淨，所以我對巴黎的印象和書裡、電視裡的巴黎，有著非常大的反差！

　　紐約恰好也是如此，地鐵的骯髒完全不輸埃及的公車站，只是在人口密度高的城市，還是建議大家利用大眾運輸移動比較好，不然光找停車位就是一件頭痛的事情，而且還非常昂貴，這點和台北一樣，歐洲的每一個首都也適用這條法則，所以到每個國家旅遊是考慮自駕還是大眾運輸，首先要看人口密度，這點打開上網瀏覽一下就能了解。

　　我個人對紐約沒有任何的期待，這只是

對紐約地鐵印象非常差，五味雜陳。

前往南美洲的必經之路，大家也會慢慢發現，每到一個洲後，我們會盡量使用路上交通工具前往，因為比機票來得省。

高度多元化的美國

　　來到美國最讓人有感的，肯定是過馬路這件事！車子在離你非常非常遠的地方，就會停下來，不管那裡有沒有斑馬線，有時遠到你都不知道車子是有事停下來，還是刻意要讓我們過，直到對方搖下車窗揮手示意，我們才知道「哇！他真的是要禮讓行人耶。」這對我們來說非常感動，想著自己在台灣推著嬰兒推車過馬路，都要跑得很快，轉彎的車也常常逼很近，讓人壓力很大，如果自己是行駛中的駕駛，禮讓前方過斑馬線的行人時，也很容易被後方的車按喇叭，當然，台灣這幾年變好很多。

　　我最欣賞美國的地方是「兒童友善」，在美國基本上每間飯店都有基本的兒童設施，他們認為孩子是很普遍的存在，幾乎每一家店也都有兒童該有的設施，就算很小的店也能找到尿布台、哺乳室，也很容易找到有兒童座椅的餐廳，即使只是普通的早餐店，也會準備兒童繪圖紙、兒童蠟筆，起源於美國的麥當勞還有更多的兒童活動。

　　美國人對於兒童的友善，

在美國幾乎每間餐廳都有兒童菜單，也提供繪畫紙及蠟筆。

讓我有比較大的感觸，有次，我們的孩子一開心起來，就不小心在超市裡跑起來，我大聲呼喊，並生氣道：「你們不應該在超市裡亂跑。」結果店員居然過來拍拍我說：「他們只是孩子，不需要對他們生氣。」並且給孩子拿了糖果安撫，這是真的！在台灣，如果放任兒童在超市大奔跑，還會被許多人翻白眼。

　　大部分公園是人們非常重要的社交場合之一，美國公園的空間因為地夠大，兒童遊戲設施就有依年齡差異而區分成幼兒以及大童二個區域，不用害怕大童動作太大撞到小童。在美加和歐洲也很常見一種公園，就是會用很大的圍欄在遊樂區域設定統一出入口，只有身高較高的孩子或是大人才打得開門，而且打開後，都非常有共識的再把門鎖上，這在台灣也漸漸可以見到，我認為是很棒的改變，畢竟台灣地小，許多公園距離馬路太近，一不注意孩子跑出去很危險。

　　以上，這就是我對美國比較有感觸的分享！

姊姊想成為蜘蛛人

　　紐約是我們家姊姊非常喜歡的城市，為什麼？因為「蜘蛛人」！沒錯，自從 3 歲的某一天讓他看漫威

上圖／服裝店還有賣毛孩的衣服，非常寵物友善。
下圖／在美國高矮胖瘦的模特兒都有。

從自由女神島還可以看見曼哈頓天際線，姊姊說，「蜘蛛人」會在上面跳來跳去。

電影，就深深的愛上「蜘蛛人」這個英雄，在那之後，家裡除了很多蜘蛛人周邊以外，還多了非常多「蜘蛛人」的衣服，是 Cosplay 的那種，我原本以為她應該是跟我一樣，有種英雄崇拜，覺得他們非常有魅力之類的，誰知道，她對英雄不是崇拜，而是想取代！對，「她是想成為蜘蛛人！」

　　所以，紐約就成為她人生第一個想去的城市！

　　在知道會到紐約的時候，她非常的興奮，現場看到任何場景，都覺得跟「蜘蛛人」有關係，自由女神像或者是時代廣場、布魯克林大橋等

電影都有出現，我們也是到了紐約才知道，原來自由女神像是在一個島上面，她的王冠還可以爬上去，大約要提前 1-2 個月預約時間，套票費用是成人 21 美元、4-12 歲兒童 12 美元，由於我們的行程大多是臨時的，就沒有參觀到，如果想上去看看的朋友請提前預定。

「媽媽，世界上是真的有蜘蛛人的吧？」我小心翼翼地保護著孩子的童年，也許有一天，他們會發現世界上的公主、英雄或是聖誕老人都是假的，但是這種憧憬所帶來的美好，絕對會為他們的童年留下深刻的回憶。

所以姊姊問我：「媽媽，我們可以待晚一點，看夜景嗎？」我問：「為什麼？」她回：「因為晚上，蜘蛛人才會在房子外面跳來跳去，他要保護紐約的安全。」這時我答應了，雖然很多人都在說紐約，晚上盡量少出門，但我認為結伴而行還是可以的，晚上的紐約街道非常的熱鬧。

　　最後我們在帝國大廈欣賞紐約全市的夜景，我必須說，那是我見過最美的夜景，原來幾千公里外的人們，大家也都在加班，哦不，我是說城市燈火闌珊處，這些景色盡顯著繁華與夢想。

姊姊說一定要看到的紐約市夜景。

從紐約開車到邁阿密
不就 2000 公里

在旅途路上我們有想過要放棄嗎？當然有，生病的時候、
想家人朋友的時候，如何堅持下來？
先生說：「只要你不想上班的心足夠堅決，就可以。」

自駕2000公里到邁阿密

在國外的每一天，我們幾乎每天都有不同的心得，雖然沒有時間限制，在旅行上可以根據需求和興趣調整，雖然每個地方都至少住上 2-3 天以上，很少只住 1 天的，但常常是意猶未盡，想要走一趟經濟實惠的長途旅行，大多數時候只能選擇生活成本低的地方，才能享受更舒適的生活環境。

所以，歐洲和北美本不在我們的範圍內，但經過思考後，我們還是來到了北美！

由於接下來考慮到南美洲，而機票是距離越短越省錢，要用最便宜的方式進入南美洲，最佳的飛行城市在邁阿密。

我說：「其實我們可以從紐約自駕到邁阿密，只要 2000 公里，你覺得呢？」先生幾乎是沒有思考的就下意識回答：「我覺得可以。」於是我們在紐約租車，1 台車 1 天約 1300 元台幣，我們打算租借 5 天，最後會在邁阿密還車，雖然甲租乙還需要手續費，但是如果在必要情況下，我是可以接受的，想出發的你們也可以詢問一下租車公司，只要覺得手續費在合理範圍內就可以。

走吧！ 2000 公里前往邁阿密的計畫正式啟動。

那時候的紐約氣溫大約是 2-3℃，而邁阿密已經是 30℃的高溫了，所以我們也算是逃離冬天計畫大作戰！

從紐約行駛到邁阿密的路上，沿路的公園與休息站非常多，可以隨意的開開停停，就是風景相較於美西那條一號公路普通一些，每天我們除了趕路以外，還會找一個景點休息 3-4 個小時，孩子若覺得待在車上太無聊，也會找公園給他們放風。

特別分享美國校車

一路上，我看到很多美國兒童校車，我太喜歡了，首先美國校車以裝甲車的嚴格安全標準打造，被評為世上最耐撞的車，更設有 STOP ！

左圖／無論後方還是對向來車，看到STOP都得停。
右圖／坦克車級別的美國校車。

野餐地點後面就是白宮，沒有人想往前走，我們的旅行就是這麼
任性！

沒錯，校車停下來的時候會把 STOP 牌打開來，這時無論你是該車道，
還是隔壁車道！都！不！能！超！車！

　如果遇到跟美國校車有關的罰款，大部分都是 1 萬台幣起跳，如果
是美國本地人的話，會被扣分影響駕駛紀錄，後續幾年的相關保費會提
高，就跟我們在台灣出險的意思差不多，美國注重校車安全，是非常注
重兒童安全的國家。

　我們隔天就抵達了華盛頓的白宮，有趣的是停好車以後，居然沒有
人要一起走到白宮，孩子們說只想要就地野餐，我覺得這很棒，因為我
們一家人已經磨合出了我們的旅行風格，不再為必要的景點執著，姊姊
騎著她在歐洲二手市場買的滑板車，吃著洋芋片，妹妹在那邊跳《Let
it go》，經過的警察也一起大聲唱，再度得到警察貼紙，雖然平凡，
但我非常享受這樣的時刻。

上圖／8年前的蜜月第一次來到美國，也是自由行，那時候的我們緊張也害怕。
下圖／從沒想到8年後的現在，居然帶著孩子環遊世界舊地重遊！

可以在
超市停車場過夜

環歐可以睡在休息站、加油站，在美國可以嗎？答案是：可以。
只不過美國的治安相較歐洲，我認為要更加重視才行。

選擇每天的休息地

　　我們做了非常多的功課，有人說可以在美國連鎖超市 Walmart 的停車場過夜，但是我們實際考察發現，它的環境複雜，可能也和城市有關，另外也存在政策問題，這種超市停車場過夜並不是官方政策，是各地分店自由決定，雖然便利，也有監視器，不過我是不推薦這麼做。

　　最後，我們選擇在高速公路上的休息站，這裡相對單純，一起過夜的小客車數量也多，需要注意的事情就是遵守規則，大部分的休息站都附有淋浴間，只需要跟工作人員拿鑰匙就可以，每個省分的政策可能會有所不同，請提前瞭解並確認相關信息也非常重要。

孩子對於在車上過夜很開心。

左圖／台灣的好市多卡全球通用，路途上補充物資很方便。
右圖／我以為狗狗冰淇淋是造型，點了以後才知道真的是給狗吃的……

　　我們當然也有備案，在美國公路有比較多的「公路旅館」，告示牌會有個睡覺的符號，告訴你：「這個休息站附有旅館」，價位會比城市商旅低，大約 2000-3500 元台幣左右，就可以住到 4 人房的房型，大多有提供簡易早餐，所以我們這 2000 公里的路程，都是看我們行駛的進度和附近的休息站環境品質，決定我們當晚的落腳地。

 全球通用會員卡

貼心提醒：好市多的信用聯名卡只可以在台灣使用，在國外是不認可的喔！國外的好市多任何一張信用卡都可以刷卡，所以會員卡的部分記得帶當初辦理的會員卡，或者是在台灣時就重新補辦一張。另外，國外的好市多即便只是買披薩、熱狗，都需要出示會員卡才可以購買！美國好市多大部分的物品比台灣賣得還便宜！是個省錢好去處！

在美國開車很容易

在美國很適合新手自駕，在沒有特別標示的情況下，紅燈也可以右轉，特別需要注意的是先繳費後停車，歐洲跟美國的停車場大多如此，即使是路邊停車也一樣，必須先在停車格旁邊的機台繳費，或是前後 10 公尺看看有沒有繳費機，再把繳費好的單子放在擋風玻璃前，如果超過時間怎麼辦？記得回來繳款，當然也要注意最長時間能夠停多久，如果忘記，就我的經驗，大概 10 分鐘就會被罰款了。

我很喜歡美國的一些巷子內，沒有紅綠燈這件事，他們設有 STOP 的牌子，無論有沒有車，輪胎都得靜止，才能重新起步，否則會罰款 6000 元台幣。

若雙向都有來車時，會以先到的先過為原則，通常都很有默契的一台一台過，也就是直的先行，再換橫向道路行駛，接著再讓直行車，完全不需要紅綠燈，就可以控制車流順序，絕對不會有一台車搶到先過的機會，後面的車就一窩蜂地當跟屁蟲的狀況發生，這部分我很佩服美國駕駛的素質，相當棒。

美國的「STOP」真的很重要。

只住得起
房東的後院

終於，我們花了 3 天的時間，抵達邁阿密！

邁阿密飯店太貴

因為邁阿密的住宿非常昂貴，這次我們居然住在別人家的後院！

我在 Airbnb 找了很久，才找到 1 個價格非常划算，也足夠住我們一家的房源，就是房東家的後院，搭了帳篷供遊客使用，所以在邁阿密 3 天 2 夜的日子，就都住在別人家的後院裡了。

房東還在後院停了 1 台露營車，這台也有開放出租，每天都有新的房客，後院設施也很好，有露天淋浴間、廁所及簡易卡式爐可以讓你烹飪，超級會做生意。

旅行學會斷捨離

我們如願以償的回到溫暖太陽的懷抱裡，所以，我們把所有冬天的衣服和雪衣雪褲丟掉了，本來也是在歐洲的二手市集買的，所以我們就直接捐給美國的二手商店，例如 Goodwill、Salcation Army Thrift Stores、Plato's Closet 等，捐贈二手用品還可以拿收據抵稅，當然這只有他們公民可以使用。順帶提一下，美國的二手商店非常多，也很有規模，如果有需要又想省錢的人，可以去挖寶。

整理了非常多冬季的裝備，拿去附近的二手商店捐贈，同時也讓孩子

左圖／後院帳篷，就是我們在邁阿密的住宿。
右圖／後院還有個彩色吊床。

在店內任選 1 套夏天的衣服，作為一直陪我們趕路的獎勵，我真心覺得有二手商店太棒了，每一個年齡層的東西都有，而且被整理得非常的乾淨，姊姊也在那裡重新挑了 1 雙喜歡的迷彩洞洞鞋，尺寸剛好。

　在旅途的行李上，必須做很多斷捨離！例如各國交通卡片，還剩下些許餘額，對於我們來說有些國家實在難以再去，還有使用不到的折價券、門票，還未到期的博物館卡之類的，雖然只是一些很小的東西，累積久了也是 1 疊卡片，我們就會留在當地的住處，給未來的房客使用，對我們來說並沒有損失什麼，但對於剛好需要的旅者來說，可能會因此省下小幾百台幣的旅費，也算小確幸。

左圖／後面就是彩色救生站。
右圖／原本想去古巴，結果就發生台灣人被拒簽的事，不想冒險的我們只好去邁阿密古巴一條街走走！

在海邊躺2天

　　邁阿密的海灘在陽光的照射下，波光粼粼，躺在海邊非常愜意，我喜歡他們彩色的救生站，還有跟電影裡一模一樣的湖水綠海浪，我們會在海灘上待到日落，這裡有來自世界各地的遊客和當地居民，他們都會放下手機，認真享受這樣的時刻，有人打著排球、有人曬太陽，也有人讀書，或者只是靜靜地享受當下美景，這種放鬆而歡樂的氣氛，真的讓人感受到生活的自在與美好。

這是世上最大的郵輪海洋標誌號，可以花220天旅遊，也可以用14天搭豪華郵輪，
你的生活自己作主。

小費
應該怎麼給？

算起來我已經到美國 3 次了，前後時間加起來大約有 3 個月，可以來分享一下美國的小費文化。

最多人關心的小費制度

　　說我特別愛美國嗎？也沒有，可能剛好是我人生中第一個長途旅行，也剛好是蜜月旅行的國家，所以有著特別的情感，尤其是南加州。

　　在美國，最多人關心的是小費制度！這點，我真的問過在地美國人，他們也認為小費的陋習越來越多、收費越來越貴。而且居然不止出現在餐廳，甚至快餐得來速、飲料店等沒有服務的店面，在沒有得到任何「服務」，也沒有「內用」的情況下，他們都要收一筆小費，我認為很不合理，還有我去邁阿密更誇張，25% 的小費已經是很基本的事了，我還見過 40% 這種超誇張的！

　　但人在異地，身為外國人的我剛開始也是傻傻地給，直到我看到好幾個在地人，在結帳櫃檯快速地選了「No tip」，我才知道，原來這件事對美國人而言，也很困擾，也才知道原來可以不給。

很多無人商店系統會自動感應拿取的物品，並自動手機扣款，不用人工結帳也不需要給小費。

　　有次我們在超市使用「自助結帳」，螢幕上居然也出現了小費選項，有些飲料店甚至沒有「No tip」，需要自己勾選「Other」，然後手動輸入「0」，不給小費不用不好意思，因為我們在中式連鎖飲料店詢問過店員，證實「小費並不會到他們手上，而是被店家吸收」，所以，並不在意客人選了多少 % 的小費。

結帳時小費都會自動幫你算好價格。

　　除了剛剛說的那些沒有服務的店家以外，「美國小費」是一個你必須要了解的在地文化，因為在美國，小費是組成服務生薪資很重要的部分，他們對自己的小費期待值很高，也當成是一種側面鼓勵為客人提供更好服務的文化。

　　但我認為這文化，屬於文化衝擊的一環，這包含美髮、按摩、服務生、外送員等，記得我在美國叫「Uber Eats」，App 裡的小費就是強制性的，沒有「Skip」的按鈕，但給外送員小費，我個人還是支持的，因為我有使用到「服務」。

　　記得有次在西雅圖買外帶咖啡時，我還在猶豫等等應該要給還是不給小費時，店員主動的幫我按下「Skip」讓我結帳，我感激的說謝謝，我必須老實說，前幾次要勇敢地按下「Skip」的時候，我有點緊張，不過按久了，真的就會習慣。

除了小費，還有稅金

　　無論在哪裡，我認為在沒有得到「服務」的情況下，是不需要給小費的。試想，只買一瓶可樂要 3 美金，小費就要給 1 美金的話，誰受得了？這還不包含當地稅。對的，在美國是在結帳後才會出現額外的稅金，7-9% 都有，每個州都不一樣，當然也有少數幾州免稅，建議要前往美國的時候，先查一查自己會不會經過免稅州，可以多買一些生活用品或是品牌服飾、鞋子，會很划算。

　　有一些國家，生活費雖然昂貴，但生活用品反而很平價！美國就是這樣的國家，奶粉、尿布甚至是衣服、童裝都很便宜，3-5 美金那種，樣式新穎，質感也很不錯，所以我認為美國算是購物天堂，Outlet 跟台灣非常不一樣，一定要去看看！

　　必須澄清，只要我們是有使用到服務的，都會給小費喔！ 3 個 % 數選項我們通常會選擇中間或是最高的，以此感謝服務人員的辛苦。

上圖／連鎖飲品或冰淇淋店，外帶的話我通常不會給小費。
下圖／在美國買東西要額外加上稅跟小費。

厄瓜多

Ecuador

被白色泡沫
瘋狂攻擊

當我們要前往南美洲時，很多私訊湧入，
說：「南美洲這麼危險？為什麼要帶孩子去。」

世界上有一種美，叫南美

　　我們做了功課，也參考網友分享南美洲親子旅遊的影片與文章，是比其他國家危險一點，但在我們旅遊過程中發現，實際上的南美洲沒有台灣新聞裡寫的可怕，每年還是吸引非常多帶著孩子同行的觀光客前往。

　　說個小故事，在南美洲旅遊時，我們結識了西班牙朋友，他一看就說：「你們是台灣人。」我們非常的驚喜說：「是的，我們來自於台灣。」出國常與人的第一句話就是問：「Where are you from ？」當我們回答台灣，對方若回：「Taiwan No.1」之類的，別沾沾自喜，那些回答大多數都不認識台灣。所以當我們馬上被認出是台灣人的時候，簡直受寵若驚，他說：「我去過台灣旅遊，最喜歡的是九份。」我說：「是否有來台中？」他歪著頭說：「那時候台灣新聞報導台中發生槍擊事件，所以沒有前往。」又說：「台灣人說台中非常多『慶記』。」「你們西班牙『慶記』才多呢！」我開玩笑道。許多人在台中活了一輩子，也不見得見過一次槍擊事件，所以我很遺憾，他錯過台中這麼美麗的城市。

　　雖然很多報導都在說南美洲的搶劫、毒梟或是其他形式的犯罪很多，這應該是與經濟不平等導致部分地方治安不佳有關，可以跟各位說，

我們只要保持警惕，並採取必要的安全措施，還是能夠享受這片大陸的美麗和多樣性。事實證明，很多事情是網上的謠傳與新聞的誇大，建議大家可以透過不同國家的論壇，從不同的角度去看，會有不同收穫。

來了之後，我對南美洲的印象是：山河壯麗、地大物博，因為有世界最長的安地斯山脈、南美洲最長的河流，以及印加文明等古老文化，將南美洲神祕的色彩又添加幾分。

左圖／厄瓜多的昆卡是一個很美的城市。
右圖／在南美洲我們很喜歡待在武器廣場，或在附近喝下午茶。

孩子很快就有自己的陣營。

遇上狂歡節！

　　2024 年 2 月 11 日，我們來到了南美的第一個城市，抵達海拔 2800 公尺的厄瓜多首都基多，雖然發生高山症的機率不高，但走起路來有點喘，尤其遇到上坡，會走到懷疑人生。

　　有人可能第一次聽到厄瓜多這國家，但如果說加拉巴哥群島，也許就會知道了，加拉巴哥群島是南美國家厄瓜多的領土，其中有名的達爾文進化島，就是近 200 年之前，環遊世界的達爾文在那裡提出了進化論，讓人類有機會解開生命的起源，但它與大陸相隔 1100 公里的海洋，必須搭飛機又要搭船，實在太貴了，所以我沒去這個島，在旅行的路上，一直告訴自己，不可能什麼都要，世界很大，有很多地方值得去！

厄瓜多狂歡節的白色大戰真的很刺激。

除了被噴灑白色泡沫，不時臉上還會有特殊彩繪出現。

小心謹慎的我們，決定先搭車直達住宿，注意與觀察周遭的環境，再決定之後的行程，我們住宿的地方 1 晚只要 11 美元的 4 人房，但管理很好很安全，無論進出，大門都必須透過管理員才可以開啟，而且不允許任何人，包含員工攜帶他人進入，最外面還有 1 個大鐵門，每天晚上 10 點會關閉，若要晚歸則需要電話聯繫，等待管理員前來開門。

當時的厄瓜多有宵禁政策，也就是晚上 10 點至凌晨 5 點禁止在戶外走動，所以為了安全起見，最好在天黑以前就回來。

想起在車上，我看到許多人拿著噴霧罐對著人群噴灑白色泡沫，我詢問工作人員，他們回答，南美洲許多國家都在慶祝狂歡節，每個國家都有自己的特色和傳統，例如巴西里約的狂歡節是世上最著名的，會有色彩繽紛的森巴遊行，大部分的狂歡節會搭配在地文化元素，以遊行和舞蹈為慶典的重要部分，但有些城市則會以互相噴灑白色泡沫或是潑水，以示祝福，在哥倫比亞的某些城市甚至還有麵粉戰「Polvos de Color」──將麵粉加上食用色素，使整個街道變得五彩繽紛。

在厄瓜多的狂歡節活動中被噴灑白色泡沫，都是表達歡樂和祝福的方式。我們帶著滿心期待出門，當然，是最輕鬆的姿態。在南美洲，我們盡量不帶任何包包，只會有一個臨時的手提包或是塑膠袋裝孩子的用

品，貴重的部分會放在隱藏腰包，或是衣服褲子的內裡藏好。

　　結果沒想到，在第一個路口，我們就被噴得不成人形，孩子的反應更是驚恐，「不行了，我想，我們要進入備戰狀態。」我說，孩子的爸捲起袖子道：「我可以。」滿街都是賣噴霧罐的小販，隨即買下 4 罐，1 人 1 罐拿好，我們很快就完全進入作戰模式，現場大家都還是很有品德的，大人噴大人、小孩噴小孩，大家玩得非常很開心，有時也會一群孩子玩在一起，面對這樣的奇遇，真的是太特別了，即使是在路上行走的人，若是被白色泡沫噴到也會面帶微笑，我想這就是接受祝福的方式吧，我告訴自己要入境隨俗。

　　連續 4 天狂歡節，我們玩了整整 2 天，結局都是濕著回家，除了白色泡沫以外，還有一些彩繪塗抹，我們必須很用力洗身體、洗衣服，狀況簡直是慘不忍睹，面對後面的 2 天，我只想要全身而退，事實證明這個入境隨俗，很難！

左圖／南美很多這樣的彩繪畫小攤。
右圖／南美很多街頭彩繪，孩子臉上畫的一次大約40-50元台幣。

棒棒糖舔到一半
被劫匪搶走

來了南美洲，我發現歐洲跟美國沒什麼好擔心的，
畢竟，治安是比較出來的！

上圖／在厄瓜多手機普及率不
高，有不少電話服務攤位。
下圖／打字機的需求也很高，
常看到有人排隊。

待在警察旁邊

南美洲的治安的確不好，即使是
這麼快樂的狂歡節，你也不會看到大
家拿出手機來拍攝紀錄，本地人一個
都沒有！通常會進入室內才會拿手
機出來使用。

待了 10 幾天後，我學到一招在
戶外安全使用手機的方式，在厄瓜
多的基多街道上，警察非常多，每
20-30 公尺就可以看到一對警察，
然後我會禮貌地問：「Can I stay
here？」南美洲人的英文普遍很
差，所以，我學的第一句西班牙文
是「¿Puedo quedarme?」意思是
「我可以待在你旁邊嗎？」接著，貼
緊著警察狂滑手機，他走出一尺我挪
一丈！

畢竟人生地不熟，很多時候必須拿出手機確認方向，不過我也發現，雖然大家都說南美洲壞人很多，實際上好人還是比較多的，因為路上很多好心人不斷的提醒我，相機應該收起來，手機應該放哪裡等，甚至在狂歡節的時候，也有許多人提醒我注意相機，他們說：「小偷會故意攻擊我們的眼睛，趁機偷走。」

所以，旅遊到現在，我依舊深信：「一個國家縱使有壞人，但好人一定更多。」

為了棒棒糖去報案

旅遊了 30 幾個國家，我想我們的防偷防搶的準備都蠻到位的，可千算萬算都沒算到，正在吃的棒棒糖也會被偷走！

事情是這樣的，當時我必須獎勵妹妹，我將獎勵品棒棒糖遞給她，妹妹開心的想要馬上就吃，我們一直都是不趕路的，於是我就跟她說：「不能邊走邊吃，我們站在旁邊吃吧。」接著我們一家就靠在路邊，陪她吃棒棒糖，突然一個迅雷不及掩耳的速度，舔到一半的棒棒糖被一個疑似青少年的人搶！走！了！對，你沒看錯，真的被搶走了！

孩子世界是很小的，那時候棒棒糖就是她的全世界，沒有什麼比棒棒糖更重要了！當下的妹妹簡直天崩

2 歲的妹妹被偷走棒棒糖，好難過。

地裂，瞬間還哭不出來，憤怒佔滿她的所有情緒，可又沒辦法完全釋放出來，她氣得跺腳、用力跳！砸地板又亂揮拳！

讀到這裡，你們可能會想說，那再買一個不就好了嗎？問題來了，那是在美國買的棒棒糖，就是那種彩色圓形的那種棒棒糖，我們在附近找了幾條街，真的找不到長一樣的棒棒糖。

最後，我想，我得給孩子一個完美的結局。於是帶著她去跟警察說：「孩子的棒棒糖被偷了。」警察笑著摸摸她的頭，跟她說：「沒關係，妳還會有的。」我翻譯給孩子，她沒有任何表情，是的，她的魂依舊沒有回來，我們不是特地去報警，我剛剛提過了，這個城市平均 20-30 公尺就有警察，原本想合照的，很可惜，他們說正在執行公務不方便拍照，但這已經是我能想到最好的結局了。

南美洲很常出現的「柵欄商店」

利用地圖瀏覽就知治安好不好

南美洲大家都說治安不好，我有一招是以前去歐洲、美國的時候，我就會用的方法，自己覺得很有用，分享給大家，我會打開 Google Maps，利用 3D 路線瀏覽的方式看看街景，如果發現住宅區很明顯都用鐵架、欄杆圍起，還有柵欄商店等，代表這區治安不好，容易有小偷出沒，在瀏覽地圖就了解當地情況，為此我們可以選擇避開，或是天黑前就回家。

　　在南美洲就很常出現「柵欄商店」，這種商店是沒有辦法走進去逛的，只有 1 小扇窗戶，透過窗戶進行買賣交易，然後到了南美洲，發現在這裡英文普遍不行，所以我們全家居然自發性的學起西班牙文！每天起床一起背 1-100 的西班牙文，至少在結帳時不需要再拿出手機翻譯，這個很實用，因為他們連英文的數字都不行，剛開始我們用英文買東西，有明顯的障礙。

　　我鼓勵孩子講西班牙文，能夠買到的東西都算他們的，所以孩子們學習了很多關於糖果飲料的西班牙文，如果什麼都不會，大概只能買到可樂吧！還有也可以利用中式餐廳，詢問那邊的華人這邊的治安如何，對於亞洲臉孔有沒有針對性，或是有什麼需要注意的，也是很好的方法。

左圖／用網路地圖查詢，發現住宅區用鐵架、欄杆圍起。
右圖／住宅區的鐵欄杆圍的很高，還有刺絲網。

50 歲你用錢砸我，
我也不去亞馬遜

在一個城市要怎麼玩，才可以是最在地的玩法？
找當地的 Tour，資料最齊最快！

缺水限電的亞馬遜

我一直告訴自己，要享受和孩子相處的每個時刻，所以不會花太多時間做功課，最常做的事，到了當地的熱鬧區域，邊逛邊找當地的 Tour，就好比是台灣特別為觀光客推出九份一日遊、北海岸一日遊、北投溫泉等推薦行程一樣，當我從當地旅行社拿了一堆廣告宣傳以後，很容易就可以歸類出有興趣的景點，再開始深入了解，最後評估自由行還是跟團，對我而言，得到的正確資訊很多，比上網爬文快，畢竟南美洲旅遊的資訊對亞洲國家來講偏少一點。

也就在這個時候，我得知原來亞馬遜是可以從厄瓜多進入的！除了厄瓜多以外，比較多人會選擇從巴西進，其次是秘魯、玻利維亞。

亞馬遜河是南美洲最長的河流，每個入口進去能夠看見的生態與部落都不同。

巴西這端是開發最好、最觀光化的部

搭這艘船3個小時才能到雨林深處。

分，這並不是缺點，相反的能吃到的食物會比較正常，圈養的動物可以觸碰和擁抱，不用擔心運氣不好，什麼都沒看到而有遺憾，缺點就是「貴」；秘魯這部分，是網友公認性價比最高、選擇性最多，也有觀光動物園；而厄瓜多這邊較為原始，但價格最實惠，缺點就是能夠見到什麼動物一切隨緣，住宿環境有限水電的問題。

我們選擇跟命運賭一把，就去最優惠、最原始的亞馬遜吧！於是我們跟當地旅行社報了 5 天的團，由於路途很遠，扣掉第 1 天跟最後 1 天幾乎都在巴士上度過的時間，等於在亞馬遜裡整整待 3 天。

長途巴士已經是我們熟悉的配套了，不焦慮也不緊張，準備好孩子的零食就可以上車了，抵達後，還要搭乘約 10 人坐的小型舢舨，行駛約 3 小時才能夠到達亞馬遜雨林的深處。

左圖／在亞馬遜土著的家裡一起做午餐。
右圖／亞馬遜小點心蟲蛹，吃起來像炸雞皮！

只去了1個小時就受不了的雨林。

在亞馬遜雨林的這幾天，我們請了私人導遊照顧我們一家人，確保安全無虞，孩子也比較自在，我們也能依照孩子的想法，選擇比較喜歡的路線。

終於，我走進課本裡，探索神祕的亞馬遜河流，這是我在出發前完全沒想到的，好興奮。

只是，興奮是一時的，當處在伸手不見五指的黑夜裡，沒有電，當然也不可能有電扇，聽著蟲鳴鳥叫，參雜著樹上猴子或者是樹懶的叫聲，偶爾還可以聽見河水拍濺起的水花聲。

雖然蚊帳緊緊包住我們的床，但我仍然能夠聽見蚊帳外那些大翅膀拍動的聲音，像蟬又像蛾。

半夜上廁所怎麼辦？我說過，人需要面對自己的恐懼，深吸一口氣打開手電筒，然後，見證歷史性的一刻來了──所有的趨光性昆蟲都飛到身上了，我開始旋轉、跳躍加尖叫，我到底為什麼會出現在這裡啦！為什麼啦！哭！

上圖／透過望遠鏡可以看到雨林樹上的樹懶。
下圖／亞馬遜才有的粉色海豚。

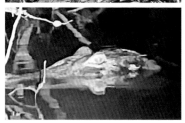

上圖／毛蜘蛛不用特地找，房間內就有！
下圖／晚上木屋外的河域就有好幾隻鱷魚在河邊！

在亞馬遜刮痧，
嚇傻當地人

我們運氣超好，遇到粉色海豚一起共游亞馬遜，
感覺粉紅泡泡都在我們周圍。

解鎖在亞馬遜河裡游泳

　　在亞馬遜的那 3 天，早上深入熱帶雨林，下午再去河域繞繞，釣食人魚或是游泳，沒錯，我解鎖了在亞馬遜河游泳的初體驗！

　　導遊就是從小在這裡長大的本地人，我問：「如果游泳到一半，有鱷魚怎麼辦？」導遊笑著說：「放心吧！我會幫你看著。」接著拿起望遠鏡裝裝樣子，其實，那區域是沒有鱷魚出沒的安全水域。

我的亞馬遜游泳初體驗，也是最後一次。

左圖／嚇壞當地人的刮痧技術。
右圖／這個學校裡面只有6個學生和1位老師，放學後他們紛紛跳入水裡玩！

　　我們也跟部落裡的當地人一起生活──學習在地料理、去參觀當地學校，就在深入亞馬遜的第 3 天，爸爸中暑了！在台灣中暑是常有的事，我很熟練的找出一支湯匙還有嬰兒油，進行背部刮痧，沒有多久紅色的痧便慢慢浮現，一下子整個後背就變成紫紅紫紅的，出痧之後，人就舒服許多了。

　　隔天起床，馬上給導遊看我的傑作！換來他一陣驚呼，他說：「這是台灣人的巫術嗎？」我哈哈笑說：「不，這個是一種自然療法。」然後告訴導遊我是怎麼做的，「你還好嗎？」導遊問我先生，他答：「我現在感覺非常好。」

　　結果那一整天的行程，導遊遇到人就掀起先生的背給他們看：「嘿！你們看！台灣很厲害的技術！」就算只是船跟船短暫的交會，有時候時間太短，導遊話沒全部講完，他只講到：「嘿！台灣媳婦把她先生用成這樣。」嗯，你要講快點，話要講完啊！

秘 魯
Peru

進入秘魯
最大貧民窟

一切隨緣！入境秘魯，海關看到台灣護照，就直接給我們90天的簽證。

區分貧富的牆

在秘魯的首都利馬市裡有一道叫
「El Muro de la Vergüenza」 的
牆，人們稱作「恥辱牆」，它將富裕
社區和貧困社區嚴格的區分開來，就
像是貧富之間的巨大長城，無法推倒
無法跨越。

來到秘魯，很希望可以去看看牆的
另一面，但這不是一般人可以說進就
進的地方，詢問住宿大樓的管理員，
他告知我們可以試著聯繫當地旅行
社，那家旅行社一直都有在帶志工前
往貧民窟服務，我們相當感謝這樣的
資訊分享，興奮的我們很努力的在聯
繫，總算有聯繫到，也很幸運得到一
個可以參觀貧民窟的機會，並在等待
中，確認了可以前往貧民窟的日期。

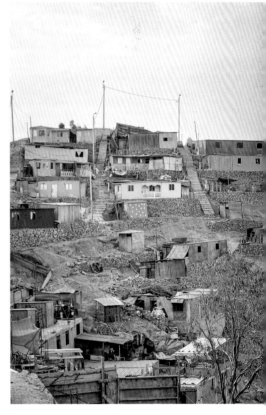

簡單搭建的彩虹屋，就是容身
之地。

許多人會遠遠的和充滿色彩的貧民窟拍合照，上方則是僅剩的恥辱牆。

　　有時候回過頭來看自己的人生，總覺得一直在等待，改天是哪天？下次是哪次？以後是多久？長途旅行不知不覺讓我的性格，有了巨大的轉變，真心感謝那個決定出發的自己，趁年輕還走得動，不再等待，也不再按部就班，旅行近 200 天，很多時候甚至沒有預定當天的住宿，走到哪算到哪，隨遇而安，而那種沒有透過網路經營的旅社，價格是你想像不到的低價，這就是為什麼我們需要「時間」，有非常彈性的時間，就可以等到志工前往貧民窟的日期，一起進入秘魯最大貧民窟一探究竟。

一座城2個世界

　　時間過的很快，集合那天，我們先在貧民窟的山腳下採買水果，負責人說他們通常會買食物去拜訪居民，比較禮貌，我們去非常在地的市場，看見很多親切的人，很熱情地邀請我們吃水果、甜食，還有飲品，好多時刻都忘記自己身處在大家口中「危險的南美洲」，我只看到大家為了生活，很努力的活著，盡力把自己的本分做好。

　　我們一起到貧民窟的村長家中，村長瑪麗是 1 位中年女性，也是貧民窟裡唯一的 1 位女村長，他們跟我們分享一般這樣的活動，通常是志工會來分配物資，或者是傳達一些教育理念。

　　瑪麗跟我們分享「恥辱牆」的故事，她說曾經因為這座牆，讓貧困的人們無法獲得更好的資源和機會將近 40 年，曾有人從高空俯瞰，一邊是豪宅遍佈的繁榮，另一邊則大多房子破爛，當初好像是富人們擔心可能會遭窮人偷竊，因此築高牆隔離，因此被世人笑稱是「秘魯版柏林圍牆」，所以他們開始抗議這座充滿歧視的牆，抗議活動獲得當地和國際媒體的關注，在近 5 年已經拆除大部分的牆面，原本是長 10 公里高 3 米的混

我們和志工負責人合照，身後是貧民窟裡常見的彩繪。

和志工們一起吃午餐，小女兒已經餓到翻白眼！

凝土牆，現在只剩下頂端的某部分被留作紀念。

瑪麗說：「遺憾的是，即使牆被拆除了，那些人們依舊沒有走出來。」她指的是貧民窟裡的那些人。

社會為了幫助這些人，時常會有志工自願上來傳達正向理念，也建造可以讀書的教室，讓所有人都可以接受教育，在利馬的貧民窟裡，任何人都可以在這裡居住，只要你能夠建一個簡單的房子，這裡就屬於你，所以我們能看見各種簡易木板或者是用石頭堆疊的那種小房子，是真的很簡單的居所，也許連風災都無法抵擋，而五彩的油漆是他們最廉價的裝飾，也成了貧民窟的特色，被當地人稱為彩虹屋，當然這些肯定是沒有電的，每週政府會派車來補給水源，住的越高，水資源匱乏的越嚴重。

瑪麗村長本人也是出自於貧民窟，她很驕傲地說今年 6 月她就要高中畢業，而她也幫助許多女性開始去上學，她告訴大家：「女生也擁有受教育的權利。」瑪麗帶我們參觀他們的高中和幼兒園，我們的孩子和那些學生玩在一起，我們也和他們分享台灣是怎樣的國家，告訴他們在台灣有不少男生做家庭主夫，女生也都能上學與工作，他們拍手叫好，並且希望有一天自己的國家也可以做到。

拜訪結束，我們擁抱彼此，感謝瑪麗跟我們分享這麼多的故事，最後她跟我們說：「貧民窟是個很危險的地方，若不是有人帶領的話，切記千萬不要冒然前往。」我點點頭，心中想著貧窮與富裕的距離，有多遠？其實端看每個人的內心有多強大，期許自己也能夠跟瑪麗村長一樣，活得自信又燦爛。

左圖／用自己的手工藝品在街頭擺攤。
右圖／和貧民窟幼兒園的孩子們一起玩。

超神奇的
融合料理

我發現一件神奇的事,在秘魯有一種店叫做「Chifa」,
每個城市都可以見到。

跨國界的融合

　　抵達秘魯後,我發現每一個城市都可以見到「Chifa」,就來自中文的吃飯拼音「Chifan」,就是炒飯的意思,但你以為看見「Chifa」就是中餐廳,不!它只是秘魯當地的一種融合料理餐廳。

　　早期的秘魯有來自歐亞非洲等地的移民,又被西班牙入侵,使得秘魯菜有非常多的變化,包容性非常強,可以說秘魯人把「融合」這件事刻在他們的骨子裡,而且融合料理可都有專有名詞,像「Chifa」就是中式料理與秘魯菜的結合,稱為「中秘融合」,「Nikkei」就是日式料理與祕魯菜的結合,也叫做「日秘融合」。

　　融合料理大概都是異國的美食加上秘魯特有的醬汁,

秘魯最有名的酸橘汁醃魚。

例如炒飯這道菜，食材米飯是中式的，但醬料與調味都是秘魯特有的，那就算是一道「中秘融合」料理，或是「日秘融合」的酸橘汁醃魚片，是將日式生魚片與秘魯特有的酸橘汁再加上辣椒的結合，是秘魯非常有名的開胃菜之一。

有趣的是當我們走進某些中式「Chifa」時，遇到會說中文的店員，他們會特別提醒：「這是秘魯的融合餐廳，煮出來的中式料理不會很道地喔。」意思是每一個你看見的中式、日式、韓國融合餐廳，大部分都不道地。

最誇張的是，我們竟然看到店員把煮熟的米飯拿去洗，這算是環遊世界奇觀之一，就是看到有人把米煮熟後才拿去洗，不是什麼特別料理，就是普通的飯，不管怎麼樣，吃起來真的不習慣。

上面那些算是比較正常的食物，我們遇過不正常的，像是在壽司裡包Oreo，然後淋上芒果醬，還有美式熱狗上面加上韓國泡菜！感覺日本人跟韓國人聽到會生氣，跟義大利披薩裡面放鳳梨有異曲同工之妙。

但是，如果問我，南美洲的美食哪裡最好吃？我還是會說是「秘魯」，因為除了上述比較特別的料理外，秘魯真的是全南美洲最對台灣胃的國家了。

在秘魯吃到最正常的融合料理。

左圖／在當地，我們依舊以當地食物為主，路邊小吃又便宜又好吃！
右圖／秘魯人很喜歡把西瓜大片大片切，方便吃也好拿！

秘魯玉米超級大

我們嚐遍了秘魯小吃，烤牛心、炸大蕉、檸檬醃生魚、玉米零食等，
還有紫玉米汁是秘魯人的最愛，說是可以提供免疫力，並具有抗炎作
用，我們入境隨俗跟著天天喝，以致於回台灣後，非常想念。

說到玉米在秘魯食用方法很多，除了榨成汁，也可以做成零食、釀
成酒，因為南美洲的玉米超級大，不誇張，1 顆玉米粒就大約有我們 1
元台幣這麼大，而大型玉米也會被炸香做成零食，很有飽足感，最可愛
的是，當大玉米變成乾燥玉米成裝飾，還滿好看的呢！

再跟各位分享一個有趣的事：我們全家都很喜歡吃馬鈴薯，去市場發現秘魯居然有 3000 多種馬鈴薯，選擇困難症的我們也只能隨便買了，有次先生在水煮馬鈴薯時，突然大喊：「我的馬鈴薯不見了！」我笑著回頭說：「怎麼可能？長腳跑掉啊？」然後他拿起鍋說：「馬鈴薯融化了。」哇賽！結果那種馬鈴薯泥超好吃的耶！

聊聊利馬市

秘魯待了 1 個多月後，知道利馬市還有一個別稱，叫做「無雨之城」，據說已經長達 600 年沒有下雨，好奇心過盛的我，詢問我們的房東，他說其實在去年下過短暫一場小雨，也就 1 小時的毛毛細雨，但這樣就足以讓大家在街上載歌載舞、狂歡慶祝，雖然平常沒有下雨，但卻是不缺乏水資源的，該城市大部分的飲用水源，主要來自安地斯山脈的河流和冰川融水。

在海拔高的秘魯，很容易見到羊駝。

和 8000 隻海獅
一起游泳

在卡亞俄港口體驗看海獅和企鵝活動，全程小孩只記得：「很臭。」

與海獅共游並不浪漫

在秘魯利馬市附近，有個叫做卡亞俄的地方，那是秘魯最大也是最重要的港口，在那裡可以與海獅共游，還可以看見秘魯企鵝！

很難想像在秘魯居然有企鵝吧！原來不是只有南極有企鵝，在真實看到企鵝時的我們，真的很興奮，但是海獅真的太！臭！了！尤其是「8000 隻海獅」在一起，更是……

我們乘船到海獅島時，大家不約而同的捏起鼻子！這畫面真的很震撼，這是我人生第一次看到這麼多海獅，但氣味，嗯～，該怎麼說呢？有一點像魚腥味，但又比較像非常濃烈的動物體味，還參雜著糞便味！總而言之是非常強烈且複雜的味道，讓人覺得刺鼻且難以忍受，是的，我們的潛水教練說：「如果下海的夥伴，要潛入水裡，要準備玻璃瓶照在嘴巴上，避免吃到糞便。」

想不到秘魯可以看到企鵝。

　當天天氣不是很好，風浪非常的大，船隻大約行駛 1 小時，我們就到了浮潛的地方，由於海浪實在太大了，我讓孩子及孩子的爸在船上等著，只有我隻身一人和其他夥伴游泳過去，說真的，我心中非常非常恐懼，我的腳偶爾會覺得有龐大物體游過去，尤其每一隻海獅的體型都比我巨大，可是我人都到這裡了，怎麼能不下去，我一直告訴我自己，來都來了，體驗吧！

　因為海浪是反方向的，所以我花了很多體力才游到海獅附近，請同行的夥伴幫我拍照，他們說：「妳看起來很不開心，要不要笑一下？」我說：「實在是害怕得笑不出來，我盡力了。」真的與 8000 隻海獅共游這件事，並沒有想像中浪漫，最後順利的回到船上，回程的路上陸陸續續看到好幾群企鵝，那種感覺真的很酷！

有8000隻海獅的小島。

納斯卡
有幽浮嗎？

坐小飛機看世界最大畫作——誰在大地作畫的納斯卡線遺跡。

真的有外星人嗎？

　　雖然我們一家的西班牙文沒辦法很厲害，但加上翻譯軟體一起交流，也可以與當地人聊天，知道很多當地趣聞，例如他們問：「相不相信有外星人？有沒有看過幽浮？」甚至有當地人教我們「如何召喚幽浮」，因為在納斯卡城市就有許多幽浮的傳說，那邊的住宿甚至都包含可以上天台，只為了滿足遊客對於幽浮傳聞的好奇心，而納斯卡就是我先生來南美洲唯一要求必來的景點，沒有之一。

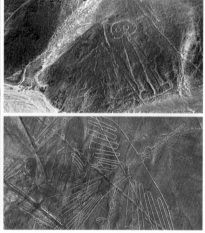

左圖／看納斯卡線的小飛機，只能承載6人。
右上圖／宇航員的圖很像外星人孩子畫的。右下圖／納斯卡線在1994年被收錄世界遺產中。

226

關於納斯卡與外星人的聯想，是因納斯卡線為什麼出現目前人無定論，神奇的是在大地上創造數百個巨大而神祕的幾何圖形、動物形象和人物形象，圖案覆蓋範圍廣達數百平方公里，穿越樹林和小河，很難想像古人在沒有現代科技和飛行器的情況下是如何製作這些地畫，因當地穩定的環境、氣候乾燥得以保留至今，超過 2000 年。

2022年當地考古學家又發現更多圖。

這些地畫是在人類有了飛行科技以後，第 1 次在天上俯瞰才看清楚，讓人不禁猜想，古代是否有飛行器或是有外星人協助創作，尤其是像宇航員般的人形圖案，讓人聯想到外星生物的形象，雖然，我們沒有看過外星人，但當地人篤定的神情，讓我覺得很有趣，無論是河邊洗衣服的婦人，還是街上賣麵包的伯伯，都深信有外星人的存在，甚至看過，有趣吧！

請問你們有見過外星人嗎？

在台灣因「選緘」的先生，一直有人際交流的障礙，沒想到到了南美洲，居然勇敢地到處去問人：「有沒有見過外星人？」當地人甚至教他如何在晚上召喚幽浮，非常有趣！

大家追著
要買我的頭髮

不誇張，在秘魯有很多人肖想我濃密的長頭髮！

秘魯美女愛濃密長髮

在秘魯，只要經過美容院，就會有人追出來問我的長髮賣不賣，他們甚至開出 4000 多元台幣的高價，要收購我的頭髮，導致後來我都把頭髮塞在外套裡「藏」好。

秘魯的街道上常常有一整排美容院的地方，到了那裡，我就像走秀的明星一樣，老是有人追著我，熱切地詢問：「要不要賣頭髮？」雖然不到緊迫盯人的地步，但還是會讓人覺得非常困擾，因為我要不斷的搖頭拒絕。

後來才知道，原來在秘魯很流行「接髮」這件事，他們喜好長頭髮以及髮量多，因為長髮在秘魯一直被視為女性美的象徵，他們透過接髮讓自己的頭髮看起來更加濃密有光澤，也會在節日和特殊場合中，讓自己符合特定的傳統禮儀或愛美的標準。

所以，如果頭髮很長的朋友，在秘魯也可以考慮賣髮，增加一點外快，而我之所以拒絕，是因為我一直有個綁辮子頭的夢，就是那種黑人辮子頭，最後我是在阿根廷達成這個夢想。

這個黑人辮子頭，如果不加一些假髮，其實很難撐超過 1 個月，即使是我這樣的髮量綁起來，辮子會變得很細，就很容易起毛或者是捲起來，不好維持，所以在過程中可以選各種顏色的髮片加入，只是我沒想到，最後大概加了 8 包假髮片，整頭用好的時候，重的我脖子直

居家美髮店有一面牆的五彩髮片。

接抬不起來，頭皮非常非常緊，跟小時候媽媽幫我綁好頭髮一樣，眼睛直接呈現丹鳳眼。

這樣花了 4000 元台幣，所以，在南美洲你可以抉擇賣頭髮賺 4000元，也可以花 4000 元編頭髮，據我所知這一頭黑人玉米辮，在台灣大概需要花費 12000 元吧！當時先生也綁了，男生比較便宜，只需要800 元台幣，就可以變成丹鳳眼了，哈哈！

那時，我們是找了當地的家庭美髮院，她邊幫我綁辮子，邊照顧女兒，3 個孩子玩在一起，我們利用手機翻譯交流，她們說，這種辮子頭之所以會流行起來，是因為她們種族有著非常嚴重的自然捲，要變成直髮幾乎不可能，只能透過這樣的方式讓自己看起來像直髮，而辮子很細小，可以正常清洗，不需要拆掉就能洗頭，正常來說維持 3-6 個月沒

有問題。

　　只是我沒想到，這顆頭成為我的噩夢，花了 5 個小時坐在椅子上，一動不動的編完整頭長髮，然後我吃了 5 天的止痛藥，因為太緊了，我的頭皮泛紅很久，每撥動一根辮子就劇痛，只能趴著睡覺，最終靠止痛藥緩解，差不多 3 天後，我才習慣與這顆頭共處，只是有天去游泳，本身頭髮加上剛剛說的 8 片假髮，實在太重，脖子直接扭到，真的因為這顆頭受盡了苦。

　　而我也真的撐了 3 個月，回台灣由我父母和我大女兒幫我拆頭髮，總共拆了 5 個小時才將辮子拆掉，可能旅行曬黑皮膚，可能頭髮看起來有點捲，所以剛回台灣時，很多人都跟我講英文，問我：「Where are you from?」

旅行中最佩服的就是一直留著長髮的自己，圖中拍攝地為秘魯最美沙漠綠洲——瓦卡奇納。

帶孩子挑戰徒步
前往馬丘比丘

在秘魯，若要抵達馬丘比丘有2種方法：一是搭火車，二是徒步軌道。

徒步24公里還是搭6000元高級火車？

　　在台灣旅遊社團裡所有人都說搭火車，雖然昂貴但值得，相同的問題轉到國外社團，大部分的人會回答：「徒步就好，很容易！」

　　其實徒步到馬丘比丘，不是全程都用走的，就是搭乘麵包車到一個目的地後，沿著鐵軌步行抵達熱水鎮，可選擇住宿幾天，來回路途約24公里。

　　我們上網做了功課，知道搭乘火車單趟大概3000多元台幣，來回6000元，若我們從庫斯科搭乘麵包車到一個叫做水電站的地方，接下來徒步，來回車程1人只需要700元台幣，而我到馬丘比丘的觀光火車的官網上看到照片，必須說非常美，可以看到安地斯山的河谷與山景，車頂也都是玻璃帷幕設計，貴是有道理的。

單趟12公里的鐵軌走起來還算輕鬆。

上圖／好羨慕拖板車上的人，但這不是完全合法的。
下圖／回到熱水鎮泡溫泉，超級舒服。

所以，抉擇又來了。

24 公里 VS 6000 元火車！

想當然最後我們選擇了徒步前往，準備好雨衣及輕便行李，一早就抵達水電站，沿途至少有 50-60 位旅者一起走鐵道，那時應該是淡季，很難想像在旺季會有多少人一起走呀！一般只需 2 小時的路，因為我們帶著孩子一起走，總共花了大約 3.5 小時，3 歲的妹妹自己走了 3 公里，6 歲的姊姊則自己走了 10 公里，剩下是由我和先生扛起來繼續走。

很長一段都沒有火車行駛通過，我們沿著鐵軌非常容易走，到後面在很遠的地方就聽到火車的氣鳴聲，行駛得非常的慢，大家很安全，沿途上有小販賣飲料與小點心，也有廁所開放使用，我們給孩子的獎勵就是：路上只要看到商店都可以選 1 包小餅乾，所以孩子走得很開心，而路途上也可以看到許多外國人帶著 5-6 歲的孩子一起走，遇到同溫層真好。

馬丘比丘山腳下的溫泉小鎮

我們是在 2024 年的 3 月抵達熱水鎮，

算是很觀光化的溫泉小鎮，小到抵達後，問任何人都可以知道馬丘比丘門票在哪裡買，所以很容易就找到售票口，並買到隔天入場門票。

溫馨提醒跟我們一樣隨性的朋友，至少預留 2-3 天時間在這裡，並提前確認門票販售情況，免得失望。記得當時，我們詢問工作人員得到的答覆是：基本上所有人都可以在當天買到隔天的票，不是當天買當天進喔！但是觀光區的門票規則變化多，建議上網查詢最新情況，若沒辦法預留幾天做停留，建議在 3 個月前就必須在網路上購買馬丘比丘的門票，不然真的是一票難求。

我很喜歡熱水鎮的氣氛，有點像台灣的烏來小鎮，任何時候都可以聽到潺潺的溪流水聲，或者是熱鬧的人群聲，但熱水鎮雖然很小，距離馬丘比丘走路還是還是有點遠，大約走 2 小時，全程上坡，所以大多數人會選擇保留體力，搭乘公車前往，車程約 30 分鐘，一張來回公車票大約是 400 多元台幣。

朝聖神祕古城

隔天一早被大雨聲吵醒，心想：「完蛋了！今天馬丘比丘的行程泡湯了。」一直到排隊搭公車的時候，天空都落著小小的雨滴，最後在我們抵達馬丘比丘之際，放！晴！了！

和當地人交流才知道那邊的氣候多變，早上下雨然後就出太陽的情況常常發生，所以最熱門的門票時間點就是早上跟正中午，因為最容易出現太陽，個人認為馬丘比丘門票不算便宜，價格約落在 1700-2500 元台幣左右，由於有分流管控，可以在裡面慢慢觀賞，不會擁擠。另提醒，全程只有景區門口有廁所。

馬丘比丘被媒體稱為秘魯版的「空中之城」，是新世界奇觀之一，也是在印加帝國消失後的 400 年，才意外被世人發現，我見到失落的古城，心裡止不住的激動，而且馬丘比丘裡面居然還有羊駝，好讓人意外！

　　門口有很多導遊可以現場詢問，付費的導遊講解非常詳細，重現印加歷史，包含印加人如何讓靈魂升天、如何祭拜羊駝乾屍，還有不使用任何黏著劑就能將石頭緊密接在一起，被稱為「乾式砌石」建築的技術，當然還有他們最有名的「十二角石」──精確的切割，一樣不使用任何灰漿和黏著劑，無與倫比的工藝和設計，充分展示印加人對自然和社會秩序的理解與反映。

　　傳說中馬丘比丘也是一座魔法山，是被認為有古老印加靈魂守護的神山，印加文化中，因為崇拜太陽，他們的統治者也被視為「太陽的後裔」，種種傳說使得馬丘比丘不僅僅只是一個失落的古城，是古印加帝國消逝後，留下許多未解之謎的遺跡，更是充滿神祕色彩的地方。

左圖／秘魯出產羊駝針織衣，色彩鮮豔可愛。
右圖／秘魯是全球羊駝數量最多的國家。

在高處看部分馬丘比丘古城外觀,意外看見駱馬。

被好心人收留
又請吃天竺鼠

你永遠不知道在陌生的國度，會發生什麼意想不到的事！

有油快加

　　隨性的旅遊會發生意外嗎？當然會！看看我們前面發生了多少意外？土耳其爆胎、冰島車子卡住，現在我們就快要～沒油了！沒錯，以我們的經驗奉勸大家，在人生地不熟的地方，有油快加！

和收留我們的好心人父子合照留念。

在國外，很多不能用在台灣的邏輯去思考，就像我在美國住處遇到偷竊，去警察局報警，結果警察局關門！你沒看錯，然後房東跟我說：「對呀！早上才會開。」我去別間警察局報警，別間說：「你那個地點，只有當地警察局才能受理，乖乖等天亮。」真的很多事情顛覆你的想像，所以很多地方的加油站也不是 24 小時開門營業，甚至週休 2 日。

當地人家怕我們冷，馬上幫我們升火煮熱水。

這個意外是，我們遇到山路改道，南美洲就是這樣沒有邏輯，想怎麼樣就怎麼樣，明明看到加油站就在前面了，卻不讓我們過，這下，真的完蛋了。

這個狀況激起我的女性駕駛魂，我說：「加油燈亮了以後，車子至少還可以開 40 公里。」我先生瞪大雙眼說：「妳在台灣就這樣操我的車嗎！」我小聲回：「呃！我想說總是得測試車子才安全。」看看手機，發現沒有網路，我沒有辦法上網查詢驗證我的話，但經驗上是沒問題的。

於是我們又開了近 40 分鐘，姊姊在後面喊：「媽媽，沒油了我們會怎麼樣？」我說：「現在很晚了，頂多先睡車上吧！至少車上還有一些食物可以吃，我覺得沒有問題。」聽完，孩子們開心的在後座玩起來，

他們已經跟在土耳其被關在地下城的時候不一樣了，那時候的孩子既緊張又害怕，現在已經有「爸爸媽媽一定會保護我們」的認知，有足夠的安全感，也非常信任父母，而且這意想不到改變，對回台灣後的生活有很大的影響，例如他們不需要練習，直接就可以分房睡，上國小、幼兒園沒有哭鬧及分離焦慮，是非常大的成長。

好的，感嘆歸感嘆，現實還是要面對！

天竺鼠是秘魯人的晚餐

由於海拔還在 3000 公尺左右，天氣非常寒冷，大概只有攝氏 7-8℃，還是希望可以加滿油，不要真的睡車上，此時看到前方有個小攤販，我下車用手機使用離線翻譯，告訴對方：「我們車子沒有油了，你們能夠幫助我們嗎？」接著他們一家人出來，比手又畫腳，大致上是說山腳下會有一個加油站，我們可以前往那裡加油，我說：「我們的油實在是不夠了。」我揮揮手，示意他們來駕駛座看油表，「你們看，加油燈亮至少 30 分鐘了。」

男主人和他兒子搖搖頭，像是說著這樣肯定不行，最後男主人竟然說，願意下山幫我們取油，只是要我們等他們一下，太好了，這下子

下方的天竺鼠就是晚餐。

又遇到好人了，我心懷感恩，希望他們好人有好報。

此時，女主人招呼我們下車，請我們進去屋內坐坐，她幫我們生了柴火，瞬間暖和起來，也幫我們準備了一些熱可可和點心，看到他們家中養了很多寵物，有幾隻狗和貓，還有幾隻豚鼠！

姊姊一直跟這些寵物玩，妹妹則吃著蛋糕，一直到女主人跟我們說：「那邊的豚鼠就是我們的晚餐，你們想不想留下來吃？」接著還翻出手機相簿，給我們看「晚餐」的樣子，姊姊聽到馬上退後幾步說：「鼠鼠這麼可愛，你們怎麼能吃？」我保證我說的都是真的，看到的豚鼠就是那種花色都很漂亮的天竺鼠。

他們怕我們不懂，還說：「只要在這裡放一些糧草，豚鼠就會自己聚集過來，我們就有晚餐了。」哇！多麼容易！可是～我們真的不敢。

其實我有想過，如果會釣魚的人，同時這國家也開放遊客釣魚的話，是不是旅遊的餐費可以直接歸零，然後再認識一些花花草草，可以自己拔免費的來吃，這樣是不是能省很大，不過像我們生存技能不好，煮飯技術也差，就少做白日夢好了。

在那個家裡，還有爺爺奶奶，他們都很好奇我們來自哪裡，每一次我除了說台灣以外，還會說明地理位置在中國和日本的中間，大約介紹台灣雖然非常小，可是人口跟秘魯一樣多，台灣的治安很好，教育程度普遍很高，尤其是隨時都有 24 小時的便利商店，這時我可以非常簡單的用西文介紹台灣，大部分都能得到很棒的迴響，因為我自己也覺得台灣非常棒！

最後，他們父子回來了，很熟練的幫我們倒油，我們終於獲救了！

離開前，我詢問他們能不能一起合照，他們父子還一起拿起斗笠，說這樣比較正式，真的是太可愛了！

秘魯彩虹山。

來到彩虹山

　　隔天我們征服了海拔高達 5200 公尺的秘魯彩虹山，它的正確名字叫做維尼昆卡山（Vinicunca），因為山體上含有豐富礦物，而形成 7 種條紋的顏色，景觀很是特別，這也是我們旅行中的最高海拔紀錄。

　　我們讓孩子騎馬上去，大人則跟著馬後面走，但妹妹最後打瞌睡，馬伕直接說要幫我們扛妹妹上山，那時候先生雖有堅持自己來，但海拔太高真的太累，馬伕對著爸爸說：「哦！你不行！我來。」這句話雖然很傷人，但爸爸真的已經喘到上氣不接下氣。

　　我想說，在大眾認為凌亂、治安很差的南美洲裡，還是存在非常多溫暖的人。

在漂浮島上完廁所
還要自己鏟屎

不要以為是湖就不會有高山症，
的的喀喀湖海拔很高，做好預防是很重要的事。

在島上搶著上廁所！

　　我們來到秘魯的「的的喀喀湖」，是全世界最高海拔的淡水湖，海拔約 4000 公尺左右，在這裡輕鬆擁有一島一飯店，因為在這裡，只要是他們「烏魯族」的族人，都可以利用蘆葦草建造自己的島嶼，島上的居民大多保留了傳統的生活方式，並通過與遊客的互動展示他們的文化和手工藝品。

　　在整個 Google Maps 上，是看不見那些浮動的島嶼，我們決定入住在島上之前，透過 Booking.com 預定，網頁上沒有一個詳細地址，他們利用我們留下的聯絡方式，約定好時間到碼頭迎接。

我們住的蘆葦屋，還有烏魯族傳統服飾。

　　我們來到馬利奧爸爸與朱利亞媽媽的島上，要在這裡住 3 天，到了島上才發現，入住的是一個小小的 4 人草房，廁所並沒有淋浴間，而且這裡幾乎沒有網路訊號，無法與外界溝通。

上圖／的的喀喀湖的「賓士」船。
下圖／跟當地人跳完舞後的合照。

最特別的是，雖然是在湖邊，但淡水供應有限，因為水資源缺乏，當遇到排便時，我們只能使用土囊、沙子或者是一種叫做草木灰的材料覆蓋排泄物，它們能有效地吸收水分，改變排泄物酸鹼度，以減少異味和防止蒼蠅滋生。

我以為孩子會很排斥這件事，結果他們爭先恐後，搶著上廁所！

無所不在的蘆葦草

第一天起床時，朱利亞媽媽給我們烏魯族的傳統服飾，我和孩子都有，孩子穿著裙子非常開心，尤其姊姊拿到的是蜘蛛人的紅色，她會幫我們編辮子，然後問我們想去哪裡玩，帶我們去附近繞繞。

早上，馬利奧爸爸帶我們參觀島上的醫院、學校，因為島上資源非常有限，所以每個人都必須學會編織手工藝，尤其是男性，在他們 7 歲就必須學習如何用傳統的腰帶織機編複雜的圖案，而島上的男性編織手

藝被認為是世界上最好的。

馬利奧爸爸驕傲的說，房間裡看得到的手工藝品，都是他編織的！
甚至是使用蘆葦草做的桌子、椅子，還有那個島，都是他做的。

下午，朱利亞媽媽說：「我們一起整理漁網，晚點可以去捕魚。」
孩子興奮地跳躍，在整理好後，我們便一同出湖捕魚，過著日出而作、
日落而息的規律生活。

我們在島上才知道，蘆葦除了可以建島以外，也可以拔起來吃，我
們姊姊對此已經非常的熟練，拔起後撥開根部的嫩葉，就直接生吃，吃
起來的感覺跟芹菜很相似，當地人會將蘆葦草當成一種零食，或搭配其
他主食來吃，除了人可以食用以外，也可以當作動物的飼料。

蘆葦草的用途非常廣泛，例如剛剛所說的，島嶼都是利用蘆葦草建
造而成，甚至可以造船，很有趣的是他們的船叫做「賓士」，在這裡蘆
葦草幾乎是無所不在的生活材料，
也是當地文化和生活的核心。

夜晚非常寒冷，朱利亞媽媽會
給我們暖水壺，讓我們放在棉被
裡取暖，時常來關心我們，孩子
也非常喜歡待在蘆葦島上的生活。

我真的太喜歡他們一家人了，
3 天的時間很快，離別時真的很感
傷，朱利亞媽媽和馬利奧爸爸特
地送我們到碼頭，我們抱在一起
說再見，只希望真的有天，能夠
「再見」。

蘆葦草用途廣泛！

玻利維亞 ★ 巴拉圭
阿根廷 ★ 智利
Bolivia · Paraguay
Argentina · Chile

深入女巫市場
找人做法

南美洲有個神祕的職業，那就是女巫！

瘋狂坐纜車

　　我們在秘魯普諾的玻利維亞大使館，抱著隨緣的心態，辦理玻利維亞的簽證，有過就走，沒過拉倒！結果運氣非常好，不到 1 小時全家都拿到簽證了，趕緊去銀行繳錢，馬上前往下一個國家──玻利維亞！

　　我們搭乘隔天早上的巴士，中午就抵達了玻利維亞的拉巴斯，雖然玻利維亞有 2 個官方首都，但多數人會把拉巴斯當成主要的首都，因為政府機構在此，也是海拔最高的首都，平均海拔 4100 公尺。

　　拉巴斯位於安地斯山脈的高原地區，你能想像在這裡的主要交通工具，居然是纜車，而且跟捷運一樣，分紅線藍線黃線，還可以轉乘，是不是非常新鮮有趣，費用大概是台幣 17 元 / 人左右，所以，我們剛到就瘋狂坐纜車，搭到哪玩到哪。

拉巴斯的主要交通工具是纜車。

待在高海拔地區麻煩的就是，真的非常容易累和喘，我很佩服當地人，我們就需要慢慢玩，千萬不要跳和跑，以免有高原反應，還有財不露白很重要，如果真的在這裡被搶劫了，即使對方用走的，我們可能也追不到。

女巫想要用天竺鼠做法

找女巫淨化身體。

我對女巫充滿各種好奇心，我問了許多人：「哪裡有女巫？」大部分的人都搖搖頭，表示不知道，問到後面才有人跟我說：「也許你指的不是女巫，而是治療師。」原來是我用錯名詞，這才讓我找到全南美洲最大的女巫市場。

隨著路人的指引，我們終於找到女巫施法空間，非常特別，擺放很多的奇怪小物、骷顱以及動物乾屍，佈滿許多奇怪的陣法與藥草，這時女巫嚴肅的前來，我們得到拍攝的允許，她說：「妳想要詛咒誰嗎？」我嚇了一跳，我說：「我不詛咒，我就做最基本的。」此時也想不到合適的名詞，女巫立刻說：「你是想要淨化身體嗎？」我想應該是的，我要淨身。

好奇心作祟的我也問了女巫：「如果要詛咒的話，要怎麼做？」她說：「我們會使用活體動物，大部分是天竺鼠。」然後撿起一些藥草，準備為我施法：「天竺鼠死亡後，我們會對其使用法術，只是這項法術已經

很少人在使用了。」女巫說。

接著神祕儀式開始了，他們拿出神奇的藥水，要我塗抹在身上，接著用一些粉末，把我的身體和頭髮搓了一遍，沒多久淨化的儀式就完成了，女巫說，在當地，只要有人覺得生活不順遂就會找她淨化，在秘魯他們的職業是合法的，也就是我說的治療師。後來我覺得這儀式跟台灣的收驚很像，也許只是每個地方的習俗不同，所以讓人覺得很神祕罷了！

在傳統的女巫市場，常會賣一些動物的乾屍，例如羊駝或是未成形的胚胎，這是傳統習俗上祭品，並不是真的要拿來做什麼奇怪的法術，就跟在台灣節日裡要祭拜三牲是一樣的意思，都是古早時期傳下來的傳統。

我們還可以找到很多有趣的魔法藥水——例如讓人發財的藥水、逢考必過的藥水、讓誰愛上誰的魔法蠟燭，更多的是一些壯陽藥水，尤其是「青蛙汁」很受歡迎，現榨活體青蛙在秘魯是一種可以提升男性性功能的飲料，還必須指定秘魯的的喀喀湖的湖水蛙效果最好。

我們還看到大大小小的護身符，祈求平

上圖／羊駝乾屍是他們的祭品與供品。
下圖／財神娃娃(Ekeko)每天都需要讓財神娃娃抽菸才會賺大錢。

安或是防小人、發財的都有，超級適合當伴手禮的，可惜我們沒有辦法帶走，在長途的旅行上，為了精簡行李，斷捨離已然成為我們的日常。

導遊帶你參觀墓園

經過實際了解後，發現沒有想像的那麼可怕！反而，我覺得拉巴斯有個很特別的地方，就是他們的墓園，我們是從纜車上看見的，後來在當地人的說明下才知道這個墓園，平常竟然有對外開放參觀。

墓園裡有各式各樣的壁畫，色彩鮮豔活潑、建築風格豐富多樣，有古典、哥德式和現代風格等，每 1 位亡者的墓前，都有生前喜歡的興趣或物品，甚至會有故事介紹，讓人覺得死亡並不是結束。

而這裡也講述著玻利維亞從以前到現在的狀況，這個國家面臨許多戰爭──跟西班牙打、和所有鄰國打，最後還自己跟自己打，所以墓園中間的雕塑上就寫著「Feels pain……」（感到疼痛），簡單幾個字概括了玻利維亞人民的疾苦。

想參觀可以找當地旅遊社，會有導遊親自帶你參觀整個墓園，對我而言是很神奇的行程，畢竟在台灣，如果跟父母講：「我想去參觀墓園。」只是單純想參觀，肯定會被一掌拍到牆壁上，想摳都摳不下來。

開放參觀的墓園。

天空之鏡
有台灣的 1/3 大

天空之鏡非常大，想自駕一定要開四輪驅動的車，
個人覺得找專業導遊，比較安全，不怕迷路。

天空之鏡很美，但不浪漫

又是一趟夜間巴士，我們成功抵達烏尤尼，還是高海拔地區，氣候非常寒冷，大約在 0℃ 左右，我們通常會在早市吃早餐，或是去當地的黃昏市場、夜市，找非常在地又便宜的小吃飽腹。

我們包車請了私人導遊，帶我們 3 天 2 夜，包含天空之鏡、入住鹽旅館，最後讓我們在智利關口下車。想省錢的可以跟其他旅客拼車，價格非常划算。

出發當天一早，導遊便來接我們，他是個非常親切有禮貌的人，也有 2 個孩子，我們很喜歡在訂製私人行程時，詢問接洽我們的人是否有孩子？這對我們很重要，因為有孩子的人，他會非常理解孩子需要什麼，方便規畫合適的行程。

我們在天空之鏡吃了午餐，淡季只剩下一片鹽沼

天空之鏡的鹽田！

田，根本沒有想像中浪漫，而且白天超熱的，導遊還忘了帶傘！快速吃完，帶我們參觀仙人掌島，導遊說只有淡季到得了，旺季時水位太滿過不來，這裡每一個仙人掌都大到無法想像，跟見過的仙人掌完全不一樣，居然是馬力歐遊戲裡的仙人掌原型，太讓人意外了！

雖然是淡季，天空之鏡有些地方還是有水，我們從下午待到晚上，一直到看見滿天星星，在那裡，理性的我居然哭了，我想過無數次，如果我沒出發，會有多遺憾，我這輩子還到得了這麼遙遠的地方嗎？沒想到，我們已經默默旅行 7 個月了，謝謝我的先生、我的孩子，大家都是鐵胃，喔！不是，我是說大家都有一顆浪子之心！

晚上，我們入住全是鹽巴製成的旅館，我原本想提醒孩子：「別給我亂舔。」結果居然是姊姊一進門，就回頭提醒我：「媽媽！妳該不會想舔吧？這很髒。」我笑了，原來，孩子是會長大的，無論我們選擇什麼樣的教養方式，他都會長大。

一路上，我們都在讚嘆玻利維亞的美景，我們遇到野生的紅鶴——就下去休息喝個茶，也有野生溫泉——想到就來泡一下！還遇到了兔鼠，也就是皮卡丘的原型！導遊拿幾個麵包給孩子們，光是這個景點就待了 1 個多小時，對孩子來說非常有趣！這 3 天 2 夜完全不用擔心吃喝問題，導遊都幫你安排妥當，路上隨處可見的駱馬，也為旅途中增添很多風采。

真正的天空之鏡就在玻利維亞烏尤尼。

走在仙人掌島的小路上。

　　最後，我們抵達智利關口，不用簽證就可以入境，很快我們就搭上前往啊塔卡馬小鎮的巴士，在這裡要注意海拔的問題，從 4000 多公尺海拔下降到近乎為 0，只花 20 分鐘，一抵達馬上就會有護理人員前來詢問大家的健康狀況，看起來非常多人在這裡有不舒服的現象。

 在地人的高山症 Tips

秘魯和玻利維亞的人都會靠古柯葉來減緩高山症症狀，當地人也教我們隨時咀嚼古柯葉，孩子們可以吃靠著吃古柯糖和喝古柯茶來適應高山，也記得離開這兩個地方後，記得要先把有古柯成分的物品處理掉，以免被罰款。

巴拉圭
竟然有台灣的學校

南美洲有一個城市讓我們印象深刻——那裡住著非常多台灣人，
甚至有台灣學校及許多台灣餐廳！

在南美遇見台中腔

南美洲的巴拉圭有個東方市，也叫做埃斯特城，是巴拉圭的第 2 大城，那裡住著非常多台灣人，抵達時，遠遠看到 2 個孩子，我問：「你們能說中文嗎？」他們熟練的講起中文，並且問我們是來玩的嗎？我說：「對，我們來旅行，今天剛到。」「真的假的？」聽這個熟悉的台中腔！果不其然，他們的父母就是台中人，我沒想到在這個這麼遙遠的地方，居然住著一群有台灣腔的小朋友，有的甚至還沒有到過台灣，當下我們馬上就決定「要在這裡過夜」。

直接在附近找一家旅館，然後悠悠哉哉的逛起東方市，發現居然還是個免稅城市，不過只侷限於這個城市而已，我們發現這裡有台灣商店，居然還有賣科學麵、麥香奶茶！還看到台灣理髮店、台灣幼兒園與學校，太親切、太感動了，我們最後還去一家台灣餐廳吃了蚵仔煎，真的就是那種夜市裡的熟悉口感，好吃到讓我差點流下珍貴的眼淚！

東方市之所以這麼多台灣人，主要是在 50 年前巴拉圭與台灣建立邦交，台灣政府開始鼓勵與支持台灣人到巴拉圭投資，而東方市位於巴拉圭、阿根廷和巴西 3 國的交界處，所以台灣商人看中了這個經濟機會，在東方市做起了生意。

跟住在巴拉圭的台灣人交流時，他們說這裡的孩子，從小就要學習 4

種國際語言──不但要會基礎的中英文，也要會在地的西班牙文，也需要學習巴西的官方語言葡萄牙語，在我聽來簡直是人生勝利組！根本不用擔心未來要做什麼工作！

東方市的生活成本相對偏低，房價、房租以及物價都比較偏向東南亞的消費程度，商店阿姨一直鼓勵我們移民過去，雖然目前移民已飽和，但她還是認為，台灣人在東方市會生活得很愉快。例如請一個幫傭，1個月只需要200多美金，除了可以幫你打掃家裡，還兼具煮3餐、接送孩子上下課，光是這點就非常誘人，讓我有種「哇～有機會暑假來學2個月的西語，也很棒！」的感覺！

我們還參觀了蔣中正公園，和台北大廈！裡面都住台灣人，電梯門一打開，就可以看到龍年的春聯及石獅子的擺設，非常有台味！不得不說，在一個這麼這麼遙遠的地方，有一群人講著跟我們完全沒有差異性的台灣國語，真的很親切。

上圖／台北大廈很像台灣住宅，1樓貼的是寫著中文的租屋公告。
下圖／遙遠的巴拉圭有個蔣中正像公園。

在黑市換錢
記得帶麻布袋

如果我說智利首都很像紐約的話，
那阿根廷首都布宜諾斯艾利斯真的就像巴黎，完全不誇張！

阿根廷簽證真的非常南美

　　我們只在智利待了短短 3 天。這 3 天要感謝一位叫做芭樂哥的人，感謝他在聖地牙哥開了台灣雞排分店——「Pollo Chang」，裡頭還有賣珍珠奶茶，讓我們嚐到了家鄉的滋味，尤其他在外包裝畫上台灣，讓許多來光顧的人都能認識台灣這個地方，難怪他在當地被大家稱為「台灣之光」！芭樂哥也是在背包客棧裡非常有名的人，幫助過很多自助旅行的背包客，有到智利的聖地牙哥，不妨嚐嚐他美味的雞排及珍珠奶茶吧！

　　很快地就飛到阿根廷首都布宜諾斯艾利斯。我必須說，阿根廷拒簽的原因非常撲朔迷離，4 個人的簽證，偏偏就我的被拒簽，只好硬著頭皮再次申請。

　　表單也非常「南美」，說跳掉就跳掉，而且還必須要掃描每一頁的護照，包含空白頁！我掃了 4 本護照，先生只好 1 打 2 帶孩子出去玩整天，沒錯，為了這個簽證我真的搞了一！

芭樂哥「Pollo Chang」的珍珠奶茶。

左圖╱有南美小巴黎之稱的阿根廷。
右圖╱到處都是足球相關的塗鴉和紀念品。

整！天！

　　還好最後還是申請通過了，只是我繳了兩次錢，嗚嗚！

　　我非常喜歡布宜諾斯艾利斯，也太像小巴黎了！沒有研究過阿根廷的人，一定覺得我在亂說話，但是真的非常像巴黎，城市中有寬闊的街道、公共廣場和文化設施，很類似歐洲城市的風貌，比較不同的是到處都是足球，對，到處都是梅西！原諒我對足球的認知很少，但至少我是認得梅西的。

　　智利與阿根廷相較其他南美洲城市較為先進，城市裡有許多公園和遊樂設施，且都有在進行保養與維護，不過我所指的只是首都，南美洲經濟落差大，每個城市之間差距還是非常大的，就像在南美洲經濟最好的國家是巴西，但同時最大貧民窟也是在那裡。

在黑市換錢口袋裝不下

阿根廷的通貨膨脹非常嚴重，導致他們的黑市非常普遍，普遍到網路上都有當天銀行的匯率和黑市的匯率比較，基本上遊客都會選擇在黑市換錢，但要小心有拿到假鈔的機率。

通貨膨脹嚴重到什麼程度呢？舉例來說，今天我這筆錢可以買到兩杯珍奶，隔天可能就只足夠一杯，就是這麼嚴重。

我們在路口可以聽到一些人喊著：「Cambio! Cambio!」就是換錢的意思，如果對這樣的交易感到害怕，或有不確定性，最好的方法就是在布宜諾斯艾利斯的唐人街，找台灣人開的中餐廳兌換，價格也是黑市的價格，我們用美金換取當地的貨幣。

建議帶 100 元面額的美金鈔票，當初我不信邪，畢竟在任何地方換小鈔，對我們是最安全的，100 元美金很多地方反而不收，例如美國本地人常常就覺得 100 元美金太大，容易有假鈔，或是找不開等理由拒收！

結果沒想到，他們的黑市居然只收 100 美金的幣值，如果有摺痕或是保存不當，利率也會變低。總之，那個時候的我們，大概可以用 1000 美金換取到 77 萬阿根廷披索，但是他們的幣值最大只有 1000 元的面額，也就是我們會拿到 770 張的千元鈔票，真的 770 張！

剛開始我們塞左口袋、又塞右口袋，換錢的人看著我們笑著說：「你們必須拿出袋子才能裝。」我的人生中沒有拿過這麼多的錢在身上，真的沒有，真的是買一杯飲料就要撒錢的概念，這些錢夠我們玩「要多少錢，你才能離開我兒子」這樣的遊戲了。

後來聽說在我們離開阿根廷 1 個月後，他們政府就推出 1 萬面額的幣值了。

阿根廷LA BOCA是彩色繽紛的地方，很多人在街上跳探戈。

全世界最大的瀑布
我來了

我們真的來到伊瓜蘇大瀑布，驚不驚喜！意不意外！

世界新七大自然奇景之一

　　一路往北邊走邊開，路上只要有小城市都可以找到住宿，最後我們就抵達了伊瓜蘇，伊瓜蘇大瀑布總寬度有 4 公里長，和尼加拉瀑布一樣有兩端口，巴西側和阿根廷側，兩端都可以看到不一樣的風景，個人覺得巴西端那邊豐富很多，附近也較為熱鬧，反之阿根廷這一側就比較偏僻些，晚上也不知道要去哪裡逛逛。

左圖／我們的身後就是世界最大的瀑布——伊瓜蘇瀑布。
右圖／瀑布水量大的驚人。

只要天氣好，都可以看到彩虹，也可以乘船衝瀑，非常刺激！

　　磅礡的瀑布聲聽了好震撼，我們站在瀑布的下方讓噴出的水浸濕，雖然門口有人販賣雨衣，但現場根本沒有人穿，大家都享受這種被瀑布淋濕的爽感！

　　生態上也有許多不常見的動物，可以在步道上、觀景台周圍發現，附近也有動物園及蝴蝶園鳥園等，都是帶孩子參觀的好地方。

免簽證的玩法

由於沒有簽證，大部分的人都是搭接駁車從阿根廷側到巴西側，不需檢查護照（此方法只有阿根廷到巴西可以，反之則不行），也可以再搭接駁車到台灣免簽的巴拉圭玩半天，另外也可以選擇包計程車，司機都知道該怎麼走。

醫生神色凝重地要我走出病房，並說……

後來，孩子就在伊瓜蘇生病了！

阿根廷免費給遊客看病

在看完瀑布後的隔天，妹妹就發高燒了，我們延長住宿的時間，過了 2 天還在不斷的發燒，喘息聲也越來越明顯，我們決定去醫院看診。到醫院才知道，阿根廷對遊客的醫療居然是免費的，整個診所擠滿了人，居然沒有人戴口罩！反而我們帶著口罩很像異類！

孩子馬上被安排吊點滴，也抽了血，等待約 2 小時後，醫生神色凝重地走過來，叫我把孩子的爸也叫回來。

那時先生正帶著姊姊在附近公園玩，我想了很多種可能，到底是什麼事需要這麼謹慎！集合以後，醫生摘下口罩說：「很遺憾，孩子確診 Covid19。」聽到這句話我如釋負重，原來醫生只是要問，我們有沒有打過任何疫苗，嚇死我了，那種場合真的非常的謹慎，特意把家人叫出去外面集合，好像要交代什麼大事一樣。

我說孩子已經打過疫苗，醫生這才放心道：「那就好，等點滴吊完應該就可以出院。」接著醫生走進去，脫掉口罩，對，脫掉口罩！開始跟孩子玩。欸～你剛剛的謹慎呢！當然，我也很慶幸遇到很好的兒童醫師。他開給我們藥單，讓我們自己去藥房買藥，雖然醫療是免費的，但藥品還是得自己負擔。

記得我們在厄瓜多就是兩者都免費，後來發現在南美洲很多地方對

於遊客看診都是免費的，發生意外的時候，該就醫就去醫院，不要怕！

最終，我們放棄了阿根廷南部的行程，決定回到布宜諾斯艾利斯再待2週，好好的讓孩子恢復健康，也享受這城市帶來的美好，然後就結束我們的環球冒險旅行。

遺憾嗎？不，就像我一直提到的，這世界很大，很多地方都值得我們去看。先生說：「也許未來有機會去南極，那阿根廷南部就不急著去了吧。」我點點頭，旅行已經到了最後，剩下的錢還得買回程機票。

我們在布宜諾斯艾利斯玩了很多公園，參觀很多博物館，也把阿根廷烤肉吃好吃滿！我想人生就是這樣，無法所有的事情都順心如意，所以，旅行也不必等準備好才出發。

旅行的意義不在於到達何處，在於一路上勇敢邁出的每一步。

左圖／醫生給孩子的輸液固定板上畫的小熊。
右圖／很溫柔的兒童醫生，笑著說妹妹很勇敢！。

我的旅遊重點
省錢真的有很多眉眉角角

　　有人說：「勇敢的人先享受世界。」但我想說：「勇敢的人先累個半死。」不過我還是感謝出發的自己，並且努力的生活，決定自己的樣子，但這趟旅行並不輕鬆，除了旅途點滴分享外，很大一個重點，就是怎麼省錢，我先從生活習慣和飲食講起。

首先是生活習慣

　　在國外沒有提供洗衣機的住宿裡，我們開始嘗試「手洗衣服」，在開發中國家並沒有自助洗衣店，大多都是洗衣店直接幫你洗好、曬好、折好，可以選擇自取或送到府上，而歐美的自助洗衣店換算下來也貴，畢竟是 4 個人的衣服，所以，魔鬼就出在細節裡，即便送洗衣服只要 80-120 元台幣，每 3 天洗一次也是一筆開銷，後來我就用水晶肥皂，洗衣服不花錢，曬衣繩拿出來，哪裡都可以。

　　在歐美國家「上廁所要花錢」，在奧地利甚至遇過 1 次 2 歐元，我們全家上個廁所都可以買麥當勞大麥克了，所以，「如廁習慣」非常重要，除了出門前，在外但凡看到免費廁所都要進去撇一下，例如正在吃的餐廳、逛博物館或大型商場等。

　　而在旅行 1-2 個月後，我發現自己變得很精簡，我捐贈了大多數的化妝品，放棄了瓶瓶罐罐，我不再化妝，還將洗髮乳、潤髮乳、護髮膜、

洗面乳、沐浴乳、私密護理集結成一塊「肥皂」，這樣就省很大了。

我提到過，自己使用的是「環保型生理用品」——月亮杯及月經碟片，不需要替換備品，這讓我省了非常多生理用品的費用。

其他「衣物鞋子就去當地二手市場買」，尤其是歐美有固定的二手商店，有些則是流動攤販，固定在每週三或六出來擺攤，像是冬季的衣服我們就在二手市集買，可以用極為便宜的價格買到保暖衣物，當然，美不美就不是重點，到了夏季的國家，再透過二手商店販賣或捐贈出去，避免過多行李在身上。

飲食習慣方面的節儉，細節很多

首先是「飲用水」，我先聲明如果覺得無法接受，就不要去嘗試，任何國家的商店都會賣瓶裝水。我們自己是可以接受大多數國家的自來水，味道較不習慣則會煮沸後放冷飲用，因為在地人也這麼做，當然，可以先問在地人或上網查詢當地的自來水能不能飲用，我們這樣做是真的省下非常多費用，而且老實說，北歐的自來水超好喝的！

出門在外，「嘗試當地無名料理」是一個非常好的方式，即使剛開始難以入口，例如路邊攤的鷹嘴豆泥，跟我在台灣餐廳吃的完全不一樣，畢竟，台灣的鷹嘴豆泥都是餐廳出來的，味道自然美味。還有許多開發中國家的路邊攤也富有許多六隻腳的天然蛋白質，這部分我們是可以接受的，覺得很多時候只是看見跟沒看見的問題而已，我和先生是在餐廳打工認識的，對於餐飲業的後台可說是頗有心得。重點就是選擇在地食物，絕對是最便宜的選擇。

我們也會在住宿處自己做飯，所以會詢問在地人或房東，當地超市的折扣時間，去買「打折商品」，很多超市跟台灣一樣，會在下午 6-7 點時，對當日鮮食瘋狂做折扣，也會有出清區可以購買，我們不會囤積食物，都是現買現作，不浪費食物，也不浪費錢。

選擇入住青年旅社和 Airbnb 的人就知道，通常會有很多「物資」可以使用，禮貌地問房東，通常都會得到「盡情使用」的答案，因為他們也不希望那些物資過期、造成浪費，基本上每一個 Airbnb 我都能找到一些米或者是麵條，我們會先把住宿的物資使用完畢，才去採買新的食材。

如果是營地的話，就有更多免費的物資索取了，例如冰島可以考慮和別人走相反路線，逆著走，從首都開始，能拿到的物資非常多，運氣好還有酒和下酒菜呢！

再來談談，親子旅行的省錢方式

住宿方面

我們大多選擇「和房東同住」，一來增加與在地人的互動機會，再來就是價格會比商旅、飯店便宜許多，這是重點，我們也會在房東的同意下，選擇入住雙人房大小的房型。我們隨身帶著充氣床墊和睡袋，原定是想讓孩子睡床，我們睡地板，怎知孩子喜歡打地鋪，說有祕密基地的感覺，最後爭先恐後搶著要睡地板。

我們會優先選擇「有孩子的家庭住宿」，這對我們是最好的！很多時候孩子能玩在一起，是我們很想要體驗的「旅居」感覺。當然，肯定會有被拒絕的時候，有些房東認為這樣待客不周，或者是電費水費

會增加等理由，所以得失心不要過重，總能找到適合自己的，我都這樣告訴自己。

機票方面

　　我們幾乎選擇「廉價航空」，當然不可能做到沒有托運行李，至少都會有 1-2 件的托運行李，之所以可以控制「1-2 件」而非都是 2 件，是因為背包可大可小，所以捨棄行李箱當背包客，是我們認為「最正確的決定」，精簡行李好幾趟飛行下來，真的能省上好多。

　　至於如何購買托運行李，每個航空不一樣，有些是跟機票一起買划算，有些則是額外加購，如果必須一起買的話，我們就會分次買機票，不會同時買齊四人機票，這時就要注意此班飛機位子剩下幾個。無論如何現場加購都是最糟的方式，不要輕易嘗試。

　　「背包」能夠裝的會比行李箱多很多，空間沒有死角可以塞得滿滿滿，第一次嘗試揹背包的我們，也認為這樣解放雙手，方便牽小孩，不怕任何崎嶇的道路，被侷限的反而沒有這麼多。

以上就是我們這趟環球旅行，
非常珍貴的技巧分享和回憶，
希望對正在讀本書的各位有所幫助，
祝福你們都能勇敢出發。

PART 3

賦歸。好的壞的都是旅行後遺症

旅遊為我的人生充電，
先生也因有足夠時間陪伴孩子，
重新過了一次童年，現在我們一家，
快快樂樂出門、平平安安回家。

媽！我把妳孫女
好手好腳的帶回家了

計畫趕不上變化，回台灣對我們而言，反而充滿期待！

回家是唯一的長途航班

原本，我們打算再去洛杉磯，接著夏威夷，最後到東京，才回到台灣，但旅行的時間比想像中長，我們認為有必要讓孩子回到台灣調整作息，也可以將姊姊大班沒有上到的課，找個銜接班就讀，一方面重新適應團體生活，另一方面也可以好好休息，而我可以把這2個月當成自己的暑假，努力的寫書和舉辦分享講座。

雖然很想去夏威夷看看，但我們認為未來會有機會的，其實自由行就是這樣，一定會從經驗中學習，不可能事事順心，在旅遊途中，心態會越來越好，遇到事情也會變得臨危不亂。

長途飛機要帶我們回家了！

最後我們決定，直接從洛杉磯飛回台灣！

這是我們行程中唯一的長途航班，也是旅行220天，第一次搭乘有電視、有餐食的飛機，雖然是經濟艙，但已經非常高級與舒服了，當然價格比原本高出許多，但是搭乘星宇航空的初體驗，感受很好，座位真

的滿大的！

　　只是，南美洲距離台灣實在是太遠太遠了，從南美洲到洛杉磯，再飛台灣，不包含轉機時間，光在飛機上就長達 29 小時，如果加上轉機就是 3 天了！

　　我與 2 個弟弟串通好，偷偷給父母「驚喜」，為此，我們還關掉定位，在抵達台灣時，還假裝我們在美國，視訊後假裝要去睡覺，而我也沒有告訴我大女兒，打算給她一個驚喜，雖然過程中，她一直看到「台灣」或是「Taiwan」的字眼，有一絲絲懷疑，但很快地就被我敷衍過去。

　　直到抵達桃園機場聽到機上廣播，姊姊才知道：「真的回來了！」她開心地大喊萬歲，說太想念台灣香腸了，真的，在國外找不到台灣的黑豬肉香腸！而妹妹則一臉懵懵懂懂的說：「大家都會講話。」我想，她的意思應該是大家都講中文啦！畢竟，出發前，她還只會講 2 個字的單詞而已，現在已經可以跟我們對話了，所以她對這種全中文環境，非常驚訝！

　　這次回國，發現我多了 1 個大弟媳，而小弟媳也即將臨盆，大家真是趕進度啊！讓我有種好像真的出國很久的錯覺，其實才 8 個月而已，可能是去的國家比較多，感覺有 8 年之久，想想這趟旅行，有很多的不容易，光是溫差最熱 49℃，最冷零下 20℃，真是讓身體辛苦了。

　　我和孩子說，現在按個電梯上樓，就可以看見爺爺、奶奶，雖然很久沒見，但我們天天視訊，就連妹妹也沒有忘記過他們，上樓後，我們突然走進包廂裡，我母親是一陣崩潰的大哭，這點我 2 個弟弟早就說了：「媽媽一定哭爆。」而我父親是笑得闔不攏嘴！

　　原來，這就是團圓的感覺！

在台灣居然出現水土不服

你以為，這是故事的結束嗎？還沒，
因為全家人一回台灣竟發生非常嚴重的事。

首次在台灣發生

我從沒想過我會離開台灣這麼久，真的，我認為我這輩子錯過了澳洲遊學打工這件事以後，就應該沒有機會在國外生活了，沒想到，我做到了，也回來了。

結果，就發生一件非常嚴重的事情——我們居然在台灣！水！土！不！服！

第1是台灣的潮濕空氣，很快就讓我鼻子過敏，熟悉的搔癢感席捲而來，第2就是台中的空氣好像更差了，全家起床時，眼睛都是拋拋腫腫的，非常不舒服！

在國外可能一直是慢慢的走，所以沒有時差問題，回來台灣後，時差居然硬生生調整了2週！

從來沒有想過，我的水土不服會發生在台灣，畢竟我在國外完全沒有不舒服，難道，我真是天生就有流浪的命格？

所以我想，全家都需要休息一段時間。

然後又是一陣家庭革命，久違的我就要回娘家住了，直接安排孩子在娘家附近的安親班，上國小銜接課程，感謝我的父母親願意收留我們，原因當然是我想要把這本書，生出來。

去這麼多國家,都沒有水土不服,但在台灣我卻過敏了!

為什麼回娘家住需要家庭革命?因為我父母親在教育這方面,還是蠻有原則的,他們認為隔代教養不好,這部分指的不是教出來孩子會不好,而是父母與我們想法不同,溝通上容易起爭執,例如看電視的時間長短、吃零食和糖果的限制等,他們說,不希望因為這些事情,跟我們有任何的不愉快。

我非常同意,答應那 2 個月全權交給他們!而我,寄人籬下,絕對不會對他們有任何要求!即使三餐都吃飯配地瓜葉,我也不會有任何怨言,畢竟那地瓜葉還是姊姊親自到外面田裡摘的。

我只能,雙手合掌,感謝感激感恩!

生活重新接上正軌，但後悔了嗎？

這 2 個月，我完成了 8 場環遊世界講座，整理好書的內容，未來還有更多講座，好期待！

原來渺小的我，也能幫助別人

環遊世界的講座有些是學校邀約，有些則是企業，我非常喜歡去學校演講，因為我們的故事對於未來不知道要做什麼的學生很有幫助，如果人生，可以在沒有包袱的時候去旅行，無疑是最棒的決定。

對於企業邀約，開頭我會先說：「不好意思，我不合適，我怕聽完大家都想離職。」還好台灣有很多好老闆與好企業，所以並沒有被我嚇走，有位老闆還跟我說：「我很支持員工在年輕時去旅行，因為年輕時，我也去旅行過，才有現在的成就。」他邊回憶邊說：「我知道看世界這件事，有多重要！」

越來越多的粉絲告訴我，他們即將啟程，是「七木的生活」讓他們知道，環遊世界不是夢，反而是最貼近自己生活的一個夢想，講座結束時，也會有人說：「他們感受到滿滿的勇氣，覺得自己應該要跨出那一步！」

我感到無比的滿足，原來，渺小的我，也能夠幫助到別人。

我們都變得更開朗快樂幸福了！

旅行後我們有什麼改變？

我想說，改變最多的肯定是我先生，童年時期的「選擇性緘默症」，帶給成年的他很多後遺症，在情緒管理上跟人際溝通上都存在著不少問題，沒想到，環遊世界一趟回來，他改變得最多。

最大的改變是願意面對人群、不去逃避，在社交上也變得主動，在我們回國的講座中，還解鎖人生第一次上台自我介紹，為什麼是第一次？我可愛的先生，因為學生時期不說話，所以從來就沒有自我介紹過。

旅行的路上讓我們知道「生活所需也就如此」，不需要太多的行囊，也讓我們更容易知足。

我問：「那時你上台嗎？」他答：「我上台啊！但我就是不講話。」

「不是啊！不講話，那你幹嘛上台呢？」我表達出疑惑。

「我不講話不代表我不是乖學生啊！本質上來說，我很乖。」總之每次的自我介紹，他就在台上安全的等待，在「只要我不尷尬，尷尬的就是別人」的狀態下，等人叫他下台後結束。

我想很多人會好奇什麼是緘默症，這是一種心理障礙，這樣的情況即使對方做出偏激的舉動、言語勒索或是皮帶抽打，也無法讓他開口。

他最害怕遇到代課老師，因為熟悉的人都了解他的狀況，就有代課老師不死心，想挑戰他的底線！無數次的想要鼓勵他講話，先生說：「有次受不了，就直接走出校園，回家了。」欸！說好的乖學生呢？他用幽默的方式，講出他的過往，但我相信，那時候的他非常不快樂，也因為錯過黃金治療期，即使未來想要改善也困難重重。

超多人問我：「你先生不講話，那你們怎麼談戀愛？」首先，我認識他的時候，他已經 20 歲，我們都在餐廳當服務生，他說是為了改善緘默症，才去當服務生，那時的他還算可以正常交流，其次，我喜歡話少的人，跟他談戀愛，因為他的話少又孤僻，我居然還跟好朋友說：「這是我的理想型。」當時太瘋狂了。

人生難料，誰知道自從去了尼斯湖以後，他的話！變！超！多！連孩子也說：「爸爸，你變好吵。」面對這種改變我必須說，我有點無法接受……

爸爸的改變講完了，再來是孩子。

我覺得孩子變得非常的成熟與獨立，回台後，居然完全沒有分離焦慮症，反而是我有點捨不得他們去上課。

回國後的 2 個月，姊姊要上小學一年級，看著一堆人哭，她說：「為

什麼要哭！這椅子好棒！這桌子好大！」對，哭的不是她，是她爸，姊姊是最快樂的小一生，直說國小太棒了！

原本以為孩子習慣跟我們睡在一起，結果一到家，姊姊居然選擇回她房間，獨立到我有點嚇到！誰說孩子記不住，帶出國沒有意義，很多事情是直接影響到他們的潛意識人格，路上他們聽到的、看到的，都可能讓他們成為更開闊的人。

初次上幼兒園的妹妹，本來以為她會哭很慘，因為她非常依賴我們，性格相對內向，沒辦法主動跟人講話，到陌生環境會抱著我大腿不放的那種，沒想她一直都很冷靜，狀態非常好，很清楚明白的知道，我下課就會去接他，還會指定要吃的點心。

「老師，妹妹今天狀況好嗎？」放學時我問，老師說：「妹妹今天很好，就是上課到一半，她突然站起來跳舞，還要大家拍手，太可愛了。」我的天！遇到這種事情，感謝老師還能正向的跟我分享，真不容易。

而我，就像大家看到的，原本的工作持續進行，開始講座人生、開始寫書，最重要的是，我依然是個母親。

我跟大家一樣，正在努力生活，為了現在的小學生早上 7 點半到校，不可以帶早餐入校門，也沒有福利社，所以必須早起吃完早餐，不得不說，真的很辛苦耶！當然，我是說我很辛苦，只是相比從前，我們更沒有慾望、更容易知足，也更容易感到幸福。

我們的生活變很多嗎？也還好，問我後悔嗎？不，我總是慶幸 32 歲的我們，選擇了出發，人生裡總以為來日方長，卻忘了世事無常。

當然，如果你跟我們一樣，有孩子也有工作的包袱，是需要很大的取捨才能做決定，你也可以問問自己，如果人生活到 70 歲，只花了 1 年去旅行，那這輩子只花了 1/70 的時間去旅行而已，過分嗎？

一個人 20 萬環遊世界，是可以做到的

我想說的是，環遊世界是缺錢？還是缺了勇氣？答案留給你自己想。

總預算花費分析

　　我很努力、很認真的找出所有記帳筆記，包含信用卡刷卡紀錄，就想知道環遊世界 220 天的最後總花費，以及我們的錢都花在哪些地方了，我做了 1 個表格分享給大家。

　　總結下來，旅行並不需要花很多錢，環遊世界亦是。我們全家最大花費是機票和住宿，再來是在地旅行時的交通費用，我們有租車或搭乘大眾運輸工具 2 種選擇，這些是必要的支出，餐食部分我們能省則省，大多自己煮或是找很在地的小吃，其他雜支都是再三考慮後才出手的花銷，帶著孩子花費會再稍微多一點，如果扣掉孩子的費用，獨旅或是成年人一起出行，住宿可以把青旅、沙發衝浪列入考量，其實，1 個人的費用可能壓在 20 萬元左右，當然豐儉由人，總之，環遊世界是可以做到的，並非是遠在天邊的夢想而已！

人生第一次看到這麼美的銀河，在玻利維亞烏尤尼。

我們一家的總旅遊開銷

項目	金額	項目	金額
文件費用	12,740	網路費用	8,756
疫苗費用	38,248	交通費用	107,866
保險費用	35,318	門票費用	93,521
裝備費用	27,980	食物花費	73,761
機票費用	209,820	紀念品類	2,561
簽證費用	55,554	雜支開銷	16,791
住宿費用	252,624	兒童開銷	84,523
		總花費：	1,020,063

* 幣值單位：新台幣

出發之前，前置作業的費用不能省

文件包含全家人的護照、台胞證、戶籍謄本，我和先生的國際駕照、良民證、財力證明等文件申辦與拷貝費用，我們夫妻還各多了救命術的受訓證照費用；疫苗主要是因為會去南美洲等開發中國家，所以必需去旅遊醫學門診，自費施打疫苗。

出發前，做了功課才準備好的實用裝備，我個人認為花了不少錢，全家的各種背包，以及旅行用的衣服，幾乎是決定前才買的，多是實用且素色的運動服裝，雪衣雪褲則是在歐洲國家的二手市場購買，這些就沒有花到太多錢。

我個人認為保險費用是必需的，一定要在出發前辦理完成旅遊不便險，台灣的最長時間只有半年，當然，也可以在國外購買國際保險，或是當地提供的全球保險，例如 Axa、Alianz、World Nomads 等，都有提供覆蓋全球的旅遊保險，若覺得外語真的溝通不便，網上找中國保險公司也可以，部分會提供港澳台專屬保險區，只需要提供護照號碼即可就保，大家可以根據自己的具體需求，選擇適合的保險，提前做好準備，保證安全旅行。

接下來，就是旅行途中會出現的費用

台灣護照很好用，為了省錢都先找免簽的國家，再來是隨走隨看，找網上簽證不用本人到場的，心態是不過就算了，所以簽證費用我們花的很少，有預算限制者，不妨跟我們一樣，反正這世界很大，都值得去探索。

交通和住宿是旅行花費的大宗，交通有 2 種：一是國家及城市的遠距移動，機票選擇廉價航空，並謹慎控管拖運行李件數，幾趟下來省不少錢；二是在地旅遊交通費用，這部分我覺得很省了，自駕租車時為了安全，車險不能省，另外還包含所有過夜巴士、當地大眾運輸需要購買的交通卡，或是停車費、罰單等費用都歸列在這裡。

220 天下來的住宿費用看起來金額很高，但是 220 天 4 個人平均下來，1 個人才花 6 萬出頭，真的很划算了！我們大多在 Airbnb 和 Booking.com 預定，少部分是在長途巴士、機場、車站或者是休息站的停車場過夜，到南美洲的後期，我們太過隨興，走到哪住到哪，幾乎不預定，有時還直接敲門找住宿，我們對住宿要求沒有太多條件，

有時真能找到非常便宜的住宿呢！

　　關於餐食花費，除在地小吃以外，大多自己煮，和房東一起住和住在營區，也常吃到免費的食物，因為麥片跟義大利麵都很足夠，米也很常見，我們只需買菜，都不擔心主食，只有少數在海外需要吃點「異國料理」時，才會花上 1-2 千塊錢台幣，來滿足一下台灣胃。我這裡所謂的「異國料理」，其實指的是中餐（中餐在國外，就是異國料理），真的沒辦法想像，原來我也會這麼想念台灣熱炒。

　　然後，我必須說，在人生地不熟的地方，網路對我很重要，一剛開始選擇在機場買網卡，或事先設定好 E-Sim 卡，後來發現，最便宜的是到市區的電信公司辦理預付卡──有旅客專案，常常一家共用一張網路電話卡，只要確定可以分享熱點，再到後來都藉由公共 Wifi 上網，或有些國家只待 1 週就不買網路了。

　　門票費用算是相對少，因為我們更喜歡去免費的景點，但很多重要的景點需要門票，這部分我是不會省的，大部分現場購買，包含馬丘比丘的門票也是，因為行程太自由了，只能抱著沒有買到就算了的心態，相信船到橋頭自然直，反正我們有的是時間，總能等到。而紀念品類，我們一直在學習斷捨離，基本上每一個國家，我只允許自己買明信片和磁鐵，畢竟能帶走的不多。

　　雜支開銷這點，每個人都不同，我們家的雜支包含小費、醫療用品、生活用品及提領的手續費等，例如在埃及不見 1 台兒童推車，在土耳其又壞掉 1 台兒童推車，總共重新買 2 台，這些意外麻煩事，我就歸類在雜支開銷裡。

　　最後是兒童開銷，我們家姊姊每天一定要喝鮮奶或保久乳，妹妹也

截至出書前已有近30位粉絲，受到啟發踏上旅程了，我們帶小孩都可以，你們一定也可以。

還沒戒掉奶粉，這 2 點是必要的，再來就是兒童獎勵，大多是食物和飲品，是我們常用的鼓勵方式，讓孩子對旅行充滿熱忱，對我們家來說是非常必要的花費。還有在需要時，我把私人導遊歸類在這裡，主要是不影響別人以及讓孩子玩得盡興，這點我們毫不猶豫，例如在亞馬遜請私人導遊，1 天多出 200-250 美元，這部分我覺得很值得。

　　以上是我們「七木的生活」環遊世界 220 天的總花費分析──該花則花、當省則省是我的原則，但每個人或是每個家庭的喜好和需求不同，不可能完全復刻，這僅僅是個參考，祝福大家都能夢想成真！

32歲，一家四口用100萬環遊世界

沒規畫 × 預算少 × 破英文也OK！

從風土人情到實用技巧，開啟親子冒險全新篇章

作者李婷萱 Sabrina
主編蔡嘉棒
責任編輯劉文宜
封面設計關雅云
內頁美術設計關雅云

執行長何飛鵬
PCH集團生活旅遊事業總經理暨社長李淑霞
總編輯汪雨菁
行銷企畫經理呂妙君
行銷企劃主任許立心

出版公司
墨刻出版股份有限公司
地址：115台北市南港區昆陽街16號7樓
電話：886-2-2500-7008 ／傳真：886-2-2500-7796 ／E-mail：mook_service@hmg.com.tw
發行公司
英屬蓋曼群島商家庭傳媒股份有限公司城邦分公司
城邦讀書花園：www.cite.com.tw
劃撥：19863813／戶名：書虫股份有限公司
香港發行城邦（香港）出版集團有限公司
地址：香港九龍土瓜灣土瓜灣道86號順聯工業大廈6樓A室
電話：852-2508-6231 ／傳真：852-2578-9337 ／E-mail：hkcite@biznetvigator.com
城邦（馬新）出版集團 Cite (M) Sdn Bhd
地址：41, Jalan Radin Anum, Bandar Baru Sri Petaling, 57000 Kuala Lumpur, Malaysia.
電話：(603)90563833 ／傳真：(603)90576622 ／E-mail：services@cite.my
製版藝樺彩色印刷製版股份有限公司
印刷漾格科技股份有限公司
ISBN978-626-398-123-2
電子書ISBN9786263981157(EPUB)
城邦書號KJ3004 **初版**2024年12月 **二刷**2025年2月
定價460元
MOOK官網www.mook.com.tw
Facebook粉絲團
MOOK墨刻出版 www.facebook.com/travelmook
版權所有·翻印必究

國家圖書館出版品預行編目(CIP)資料

32歲,一家四口用100萬環遊世界：沒規畫x預算少x破英文也
OK!從風土人情到實用技巧,開啟親子冒險全新篇章/李婷萱
(Sabrina)作. -- 初版. -- 臺北市:墨刻出版股份有限公司出版:英
屬蓋曼群島商家庭傳媒股份有限公司城邦分公司發行, 2024.12
　面；　公分
ISBN 978-626-398-123-2(平裝)
1.CST: 旅遊 2.CST: 世界地理
719　　　　　　　　　　　　　　　113017148